新东方 XDF.CN

U0889680

心容一生

俞敏洪［著］

群言出版社
QUNYAN PRESS
·北京·

图书在版编目(CIP)数据

从容一生 / 俞敏洪著. —北京：群言出版社，
2010（2021.5重印）
ISBN 978-7-80256-130-4

Ⅰ.①从… Ⅱ.①俞… Ⅲ.①随笔—作品集—中国—
当代 ②俞敏洪—生平事迹 ③社会办学—概况—中国 Ⅳ.
①I267.1 ②K825.46 ③G522.74

中国版本图书馆CIP数据核字（2010）第108407号

责任编辑：高 敏
封面设计：王 琳
版式设计：大愚设计

出版发行：群言出版社
地 址：北京市东城区东厂胡同北巷1号（100006）
网 址：www.qypublish.com（官网书城）
电子信箱：dywh@xdf.cn qunyancbs@126.com
联系电话：010-62418641 65267783 65263836
经 销：全国新华书店

印 刷：北京东方宝隆印刷有限公司
版 次：2010年7月第1版 2021年5月第24次印刷
开 本：710mm× 1000mm 1/16
印 张：14.75
字 数：203千字
书 号：ISBN 978-7-80256-130-4
定 价：29.80元

目录

壹 心灵的脚步

贰 / 行踪

叁 观点

肆 演讲录

伍 第三只眼

壹

心灵的脚步

时间的流逝不由人们控制。不管你是否愿意，时间总是在你身边无声无息地流走，没有任何人能够给时间的长河关上一道闸门，让时间停下。所以，连孔子这样的智者也只能感叹：『逝者如斯夫，不舍昼夜。』面对不以人的意志为转移、源源不断流走的时间，人们通常采取两种态度——积极的态度和消极的态度。积极的人深刻意识到时间的珍贵和美丽，他们的生命随着时间的流动而奔放，就像一个人在流动的水中奋力击水向前，充满了『自信人生两百年，会当击水三千里』的豪迈气概。积极的人努力使自己能够在有限的时间内留下无限的生命。消极的人体会着时间流逝的无奈，心中充满了古今多少事都付谈笑中的怅然，想着一辈子再努力最后也是日落西山、命归黄泉，看不出人生奋斗到底有多少意义，于是得过且过、虚度一生。

从容一生

一个管理专家对听众提出一个问题：一分钟我们能做多少事？答案自然是一分钟能做很多事，比如一分钟可以阅读一篇五六百字的文章，可以浏览一份40多版的日报，看5～10个精彩的广告短片，跑400米，做20多个仰卧起坐等等。鼓励人们在一分钟内做更多的事情或者节约每一分钟，自然是件好事。但这一表面上积极的问题和答案，实际上掩盖了急功近利的心态，会让大家产生一种急促感，像蚂蚁一样匆匆忙忙地跑来跑去，一心想着尽可能地多做些事情，却不再有从容的心态去做事情，尤其是不再去思考什么是真正重要的事情。

一个人一辈子如何活得更有意义，并不在于争得每一分钟，而在于生命作为一个整体内涵有多丰富，内涵的丰富来自于对生命的完整意义的追求，而不是每一分钟能做多少事情的匆忙。如果因为追求每一分钟的充实而迷失了一生，实在是得不偿失的事情。曾经有一个人，因为偶然在地上捡到了一枚金币，从此每天都低头寻找，一辈子过去了，他捡到了几千枚钱币、几万颗钉子，还有数不清的纽扣——这些东西加起来也不值几个钱。等到他老去的时候，背驼了，眼花了，想直起腰来看一看远方的风景都不可能了。很多人对待时间也像这个人一样，争取了每一分钟的忙碌，却错过了一生的风景。

一个人一辈子如何活得更有意义，并不在于争得每一分钟，而在于生命作为一个整体内涵有多丰富。

如果要让一分钟凝聚成生命的重要时刻，可能需要一辈子的修炼。金字塔塔尖那一块石头的高度，并不是因为那块石头本身有多高，而是因为设计者心中有了金字塔的蓝图，同时成千上万块石头排列在一起形成了塔基，最后才有了塔尖的屹立。同样，一个人生命的高度不在于每天的忙碌，而是取决于他的追求和梦想。没有梦想，生命会原地踏步，会像驴子拉磨一样重复绕圈子。有了梦想，我们才会去追求，才会有实现梦想的重要时刻；但那一刻的来临，是以前无数个日日夜夜不懈努力的结果。因此，对于那些只知道忙碌却不去思考生命意义的人来说，你给他几万分钟也不一定会有意义。只有那些活出生活高度的人，每一分钟对于他们才是有意义的。

社会上流传的很多书籍如《XX招数》、《XX天让你攻克MBA》等，不断向人们灌输用技巧取胜的手段。还有某些管理专家，不断对人们宣讲他们所谓的速成理论，鼓励人们去走并不存在的捷径。此外，媒体渲染的所谓成功者的故事，大多数是如何急速增加财富的故事，使社会充满了急功近利的心态。在这种环境下，大多数人变得性情浮躁。性情浮躁使我们失去了沉静之美，急功近利使我们失去了恬淡之心。“采菊东篱下，悠然见南山”的那份从容离我们越来越远。

急功近利只会使我们远离生命的意义。生命的意义在于从容，在于从容之中眺望未来，在于从容之中成就人生。一个人能够闲庭信步般走完一生，云舒云卷般进退自如，才是真正值得大家追求的境界。就像陶行知所说的那样：“人生为一件大事来。”一辈子能够从容地把一件大事做好，死而无憾矣。

从自愿自觉到坚忍不拔

我们做事情常常有两种状态：一种是自愿自觉去做，另一种是尽管艰难却不得不去做，坚忍不拔地去做。肚子饿了我们会吃饭，困了累了我们会睡觉，快乐的地方只要有机会我们会去寻找，比如电影院、游乐场或名胜地。这些都是自愿的事情，人性所趋的事情。但如果只是吃喝玩乐，我们就会逐渐失去活力，甚至体会不到生命的美丽。生命的美丽来自进步和成就，只有进步和成就才能使我们感到生命存在的意义。人类是进步和成就的生物，进步和成就包括经验的积累、品质的培养、学识的增加、智慧的获得、人格的塑造等，当然也包括了世俗的财富、名声和地位的获得。但所有这一切并不是与生俱来的，都需要经由后天的努力才能获得；而在大部分情况下，努力是与人们趋向懒散的天性相悖的，因此努力做事是人们应对现实的一种不得已的行为。

很有意思的是，在这点上我们常常会发现人与人之间的不同。我们发现有的人好像天生就有获得进步和成就的能力。比如我们周围的有些人，能够把学习本身当做一种乐趣。我小时候，班内的一些同学能够日夜学习而不知疲倦、乐在其中，这总让我吃惊不已。你可以说，是老师的表扬强化了他们的学习积极性；但也可以反过来说，是因为他们乐在其中地学习而得到了优秀的成绩，受到了老师的表扬。人确实天生有不同的爱好，因此会逐渐向不同的方向发展。有的人喜欢语文，有的人喜欢数学，有的人喜欢游泳，有的人喜欢下棋，各种不同的爱好使人们自愿自觉地向自己爱好的方向努力，最后也常常能够取得相应的成就，这就是俗话所说的“兴趣是最好的老师”。所以，一个人找出自己的兴趣所在，并且自愿自觉地去做，就更加容易取得成就。

如果到此为止，事情就太简单了，大家只要去找自己感兴趣的事情做就行了。但现实并不是这样的。一个人感兴趣的事情，并不一定就是能够取得成就的事情。首先，感兴趣的事情有时并不是好的事情。如果你一天到晚打电子游戏，通常是不太容易把自己打成另外一个比尔·盖茨的；如果你一天到晚喝酒，通常也不太容易把自己喝成济公那样的智慧人物。其次，感兴趣的事情就算是好事情，你也不一定能够取得好的成就。世界上有无数的人喜欢下围棋，但能下到像聂卫平那样的人却屈指可数；世界上有无数的人喜欢研究数学，但能研究到像陈景润那样的人寥若晨星；世界上有无数的人喜欢涂抹丹青，但能够画到像徐悲鸿那样的人百年一遇。很多人说这是因为人的天分不同，但在我看来，天分的作用只在其次。更重要的是，所有获得大成就的人，都经过了一条必经之路，那就是从自愿自觉走向坚忍不拔。只有经过艰苦卓绝的努力，最后才能达到极高的境界。

所有获得大成就的人，都经过了一条必经之路，那就是从自愿自觉走向坚忍不拔。只有经过艰苦卓绝的努力，最后才能达到极高的境界。

我们每个人都有过爬山的经历：如果爬一座小山，我们可以用散步的心情一边欣赏风景一边爬上去，不需要付出太多的努力；如果要登上泰山或黄山，即使你非常自愿自觉去爬，也会爬得你气喘吁吁、汗流浃背，尽管景色很美，有的人可能也会中途放弃；如果我们要爬珠穆朗玛峰，那就绝对不仅仅是自愿自觉的问题了，这需要我们拥有异于常人的精力、体力和耐力，坚忍不拔的意志和面对绝境的勇气，甚至要作好付出生命的准备。一个我认识的人曾经去登过珠峰，登顶途中他无数次想放弃，但之前所有的努力、内心不服输的自尊和被绝境激发出来的勇气，使他愿意用生命去博得登上珠峰的荣耀。后来他用一句话来形容当时的心情：到了那种时候，死了也得往上爬。

凡是做出大事业的人，也许刚开始是出于爱好和兴趣，自觉自愿地去做了；但到后来自觉自愿会退到其次，坚忍不拔的意志开始占上风，自己对自己的承诺、别人对自己的期待，使自己不得不努力前进，不断突破自己的局限。有一次我和一位游泳奥运冠军聊天，谈到羡慕她在游泳池里矫健的身手时，她的眼泪差点夺眶而出。她说："你知道我受过多少次伤吗？你知道有哪一个运动员的身上是没有伤痕的吗？小时候只是因为喜欢游泳，但后来整整十年就是为了奥运会夺冠的那一刻。知道为什么奖牌挂在运动员脖子上的那一刻，他们的眼中会充满泪水吗？因为他们之前有再大的伤痛也不流泪。"那一刻，我明白了，不管遇到多大的困难，我都还没有资格流泪。

因此，对想要获得大成就的人，从自愿自觉到坚忍不拔也许是必经之路。也许，只有当你被自己的努力感动得泪流满面时，你的生命才能称得上是美丽的生命。

在时间的长河中收获

时间就是生命。不管活多少年，一个人拥有的时间总是有限的。就算活到100岁，我们也就能够拥有36500天，到最后，我们都会离开这个世界，消失在虚空里，变得无影无踪。因此，如何在有限的时间内活得更好，就成了每一个人思考的问题；很多人也在不懈地努力，争取在有限的时间里活得更好。

时间的流逝不由人们控制。不管你是否愿意，时间总是在你身边无声无息地流走，没有任何人能够给时间的长河关上一道闸门，让时间停下。所以，连孔子这样的智者也只能感叹："逝者如斯夫，不舍昼夜。"面对不以人的意志为转移、源源不断流走的时间，人们通常采取两种态度——积极的态度和消极的态度。积极的人深刻意识到时间的珍贵和美丽，他们的生命随着时间的流动而奔放，就像一个人在流动的水中奋力击水向前，充满了"自信人生两百年，会当击水三千里"的豪迈气概。积极的人努力使自己能够在有限的时间内留下无限的生命。消极的人体会着时间流逝的无奈，心中充满了古今多少事都付谈笑中的怅然，想着一辈子再努力最后也是日落西山、命归黄泉，看不出人生奋斗到底有多少意义，于是得过且过、虚度一生。

到底是应该积极面对时间还是消极面对呢？其实，这个问题不难回答。面对缓缓流走的时间之河，我们可以采取两种态度：一种态度是坐在河边，望河兴叹，呆呆地看着河水从脚下流走，自己慢慢变老；另一种态度是在河边钓鱼，或者下河摸虾，或者在河边种上荷花，或者到河里游泳，和朋友们一起戏水。我们每个人都会有这样的体会，从河里钓上一条鱼来是多么快乐，摸出一堆虾来是多么兴奋，在河边种上荷花是多么惬意，到河里游泳是多么舒畅，和朋友一起戏水又是多么愉快。和这么多的欢乐相比，有谁愿意坐在河边一动不动呢？生命追求什么？生命追求的是欢乐和难忘，而不仅仅是活下去。欢乐是活在当下，难忘是品味过去。

有限的时间恰恰是上帝送给人类最珍贵的礼物。

生命中要有真正的欢乐，就必须有所收获。不仅要收获具体的东西，还要收获心情。在上面的比喻中，我们不但收获了鱼虾之类的具体事物，更重要的是收获了欢乐的心情。有一次我到国外去旅行，朋友带我去钓鱼，但告诉我这是钓着玩的，是catch and release，意思是抓了就放。当时我想抓了就放有什么好玩的，没事找事。但真到了现场，每次把一条鱼钓上来都兴奋得要死，尽管最后又把鱼都放了，但是却收获了一天极好的心情。这件事充分说明了收获心情比收获具体的东西更加重要。另外，收获心情最重要的一条是要亲自参与，付出自己的努力。还是举鱼虾的例子，如果我们从农贸市场上买回来同样的鱼虾，我们能够收获同样的心情吗？答案显然是否定的。而如果仅仅坐在河边，我们又能够收获什么呢？一定是无所事事的烦闷，看到别人钓到鱼虾时所产生的失落，因为别人的欢乐所产生的嫉妒，因为别人难忘的过去所产生的空虚。相比之下，你会选择哪种生命形态呢？答案应该一目了然。因此，在时间的长河中，积极参与，努力收获，快乐生活，是我们能够采取的最佳态度。

其实，有限的时间恰恰是上帝送给人类最珍贵的礼物。如果每个人所拥有的时间是无限的，那对于我们来说活着就真的没有意义了。在这种情景下，我们做任何一件事情都可以不紧不慢地做下去——没有死的威胁，就没有生的热情，更不需要再有奋斗精神。随着时间的推移，我们见过太多的世面，生命中遇到的任何事情和见到的任何人都再也不能点燃生命的火花，我们失去了好奇心，失去了惊喜和欢乐，一切都变得那么习以为常，熟视无睹。试想，我们很多人在20岁之后就已经失去了童年轻而易举就能够得到的欢乐和惊奇，那当我们的时间变得无限时，我们该如何生活下去？正是有限的时间和生命的紧迫感，使我们不得不认真筹划每一天，让每一天都活出精彩来，在有限的时间内品味“活着，是美丽的”这句话的真正含义。

不同的选择，不同的生活

当我们面对一件事情或者一种生活状态时，我们可以做出不同的选择。不同的选择使我们的生命走向不同的方向，从此产生不同的命运和结局。

所有的高中毕业生都希望自己能够到北大、清华这样的名牌大学去学习，但最后能够达成心愿的人毕竟是极少数，大多数学生只能进入普通高校。是进北大、清华还是进普通高校由不得你选择，进不了名牌大学也不一定是因为你高中学习不认真。人的智商和记忆力是有差别的，有的时候尽管你付出了百分之百的努力还是只能进入普通高校。那是不是进入普通高校就意味着未来的前途不如北大、清华的毕业生好呢？一定不是！进入大学以后我们可以选择努力向上，也可以选择自暴自弃。有些普通高校的大学生，通过自己大学四年的努力，终于考上了重点大学的研究生；而有些学生认为自己已经被定了终生，放弃努力，大学毕业后成为工作没有着落的啃老族。我有一个朋友，只有中专学历，但是他选择继续努力，后来拿到了大专自学考

试的文凭，又通过自己的努力考上了北大的研究生，毕业工作两年后又考上了哈佛大学，成了一位名符其实的成功人士。因此，你进入什么样的大学并不重要，重要的是你选择努力还是选择放弃。

大学毕业后找工作时，有些同学很容易就找到了一份好工作，有的同学是因为确实能力强找到了好工作，但有的同学好像纯粹是运气好找到了好工作。你怎么想都想不通为什么命运对你如此不公，能够找到的工作就是打扫卫生之类的。但即使面对这样的情况，你也可以选择认真对待工作，或者敷衍了事，而工作态度的不同，给你带来的结局会完全不同。如果你工作态度积极，把打扫卫生这样的工作做得认真出色，最后就有可能被提升到重要的位置上；如果你选择马马虎虎，敷衍了事，最后就可能成为失业人士。新东方有一个普通大学的毕业生，刚到新东方时只找到了一份在教室收发耳机的工作，但他选择了积极的工作态度，一边收发耳机，一边认真听每一位老师上课，两年后他的英语达到了很高的水平。同时，由于他听了很多老师的课，不知不觉掌握了很多教学技巧。有一天他跑来对我说要当老师，吓了我一跳。我想一个收发耳机的人怎么有能力当老师呢？但让他试讲之后，我才发现他的讲课水平已经很高。后来，他成了新东方的名牌老师，后来又成了一所新东方分校的校长。他没有选择放弃，他选择了成长，他的生命从此与众不同。

生命中充满了选择，你的选择不仅和你的心情相关，也和你的命运相关。

如果你有一天的时间，选择的不同也会使你生命的质量完全不同。在某一个星期天，你可以选择睡懒觉，也可以选择去爬山；你可以选择去购物，也可以选择看书。不经意的选择其实反应了你内心的价值取向。最后，选择睡懒觉的有可能成了落伍者，选择爬山的有可能成了登山队员；选择购物的有可能成了家庭妇男，选择看书的有可能成了教授。这些选择也能够看出你的性格，是懒散的还是坚定的，是物质型的还是精神型的。即使给你一个小时的时间，你也可以选择使生命过得平淡，还是使生命过得惊喜。有一次，我和徐小平老师到福州去演讲，演讲结束后我们坐车奔赴机场赶回北京。在机场换完登机牌后，离飞机起飞还有一个半小时。当时我们似乎唯一可以做出的选择就是走进候机室等待飞机起飞。但我想起了一路过来在旁边看到了大海，福州机场就坐落在海边上。于是我们又走出机场到了海边，海边风景如画，海水拍打着岩石发出澎湃的声音，一抹沙滩一望无际。我们兴奋异常，一看周围没有人影，脱光衣服就跳到了海里，痛痛快快在大海里畅游。后来我们上了飞机，一路聊的都是跳进大海的兴奋，这件事到今天为止我们还常常提起，这一天也因此成为了我们生命中值得记忆的日子。

生命中充满了选择，你的选择不仅和你的心情相关，也和你的命运相关。你只要选择积极的、努力的、向上的生活和工作方式，你的命运就一定会越来越好；如果你选择消极的、被动的、懒散的生活和工作方式，你的命运就注定了会越来越糟。你选择什么样的生活和工作方式，决定权在你。你现在的选择决定了你的未来。

被爱和爱人

我们内心渴望被人爱，我们内心渴望被人关怀。

那是多么美好的时刻：寒冷时有人给你送来暖衣，孤独时有人给你送来问候，哭泣时有人为你擦干眼泪，远行时有人伴你同行，摔倒时有人把你扶起。

如果所有的人都被爱着，那该是一个多么温暖的世界。但要创造这样一个世界，我们只有一个办法，那就是学会先爱别人。

从小在父母的关爱下长大，我们以为天下人都像父母一样关爱自己。但走进现实世界，我们发现大部分人都在忙着自己的事情，关心着自己的利益，于是觉得这个世界真的很冷漠，开始感到失望。有的人甚至因为承受不了别人的冷漠或势利而深感痛苦，变得抑郁、精神失常。

其实我们犯了一个严重错误，那就是我们假定所有的人都会像父母一样爱我们。父母的爱是无条件的，他们甚至可以为子女献出生命。我们从小习惯了这种无私的爱，长大后接触社会，发现无私的爱太少，世界并不像我们想象的那么好。我们犯的另外一个错误是把自己假定为被社会宠爱的孩子。我们总是等着别人来爱我们，却失去了主动去爱别人的能力。

有人会说，我凭什么要主动爱别人呢？当别人都只专注于自己的事情，都只为自己的利益奔忙的时候，我凭什么要爱他们呢？这样的想法表面上似乎有道理，但持这种想法的人生活会过得越来越糟——如果别人不主动爱你，你就不会主动爱别人；但如果没有主动爱你的人出现，你就永远不会被爱。试想，如果所有人都不主动去爱别人，那这个世界将不再会有爱出现。

你渴望被爱，别人也是如此。两个人总得有一个要主动爱人，相爱才有可能产生，否则再渴望被爱，也没有人来爱你，因为大家都在等着被爱。因此，一个渴望被爱而不主动去爱别人的人是自私的，因为他只希望得到爱，而不愿意付出爱。

我们之所以在人间还能够感到温暖，是因为有人愿意付出。无条件的付出是最崇高的付出，如父母对儿女的付出。这种付出是不需要回报的。还有一些付出也是无条件的，比如有时朋友间的付出不需要回报，又比如很多伟大人物对于社会和人类文明进步的付出也是无条件、不需要回报的。即使是有条件的付出，也能够让人感到温暖。你一心一意爱你的男朋友，也希望你的男朋友一心一意爱你，这是有条件的；你真心诚意对待你的朋友，也希望你的朋友真心诚意对你，这也是有条件的；有的人拼命努力去帮助别人，是为了取得别人的认可和各种荣誉，比如被评为劳动模范或杰出青年，也是有条件的。这些有条件的付出，只要做得恰当，也能够给我们带来很多人间的温暖。

但有条件的爱是容易出问题的，可能会让人产生怨恨心理和报复心理：你爱一个人得不到回报时，可能就会怨恨；你拼命劳动得不到承认时，就会产生不满；你为一个人献出了很多，对方不为你做任何事情，可能就不仅怨恨，还会报复。有条件的爱如果处理不好，常常会伤害了别人也伤害了自己。只有当爱别人不计回报，心情像白云一样潇洒时，才能够真正达到既爱别人又爱自己的境界，而且这样的爱才是纯洁持久的。只有这样做，对于我们个人的幸福才会有真正的好处，才会把我们自己摆到生存的最佳状态。

一个渴望被爱而不主动去爱别人的人是自私的，因为他只希望得到爱，而不愿意付出爱。

为了更好的生活，我们至少有两点必须学会：第一是要从渴望被爱的状态中解放出来，学会主动爱别人，先把温暖送给别人，这样也许别人才会把温暖送给你。不要觉得这样做不值得，想一下日月星辰、草木万物、蓝天白云、高山流水，是我们爱它们还是它们爱我们？答案是我们爱它们。因为我们爱它们，我们才会对它们产生那么多美好的感情，才会写出那么多美好的诗歌散文，它们的美丽是因为我们内心的美丽而产生的。当我们爱别人的时候，情况也是一样的。你的内心产生爱的美丽，别人内心会产生被爱的幸福，大家的感情都变得美丽了，你的生命就会拥有美丽。第二是我们要学会无私的爱，因为只有无私的爱，才能保持爱的美丽到永远。要做到这一点也不难，我们爱蓝天白云、高山流水，从来没有要求它们给我们回报什么，只要我们看到它们，内心就得到了满足。如果我们把这种态度用于对别人的爱，那我们得到的满足和幸福就会多得多。当然，这需要我们具备很高的修养，因为人类的行为和感情远比蓝天白云变化莫测得多。在种种的变化无常中，如果我们还能不被表面的变化所左右，保持一颗爱人之心，就能达到生命的圆满境界。

只有身体力行，你才知道主动的爱和无私的爱对你的生命有多大的好处。这不是要大家成为圣人，也不是要大家大公无私，而是希望你能够用正确的方法来成就自己的生命，套用老子的语气来说，叫做“大私于大爱之中”。

感恩的心

只要我们有一颗感恩的心，世界就会变得简单明快，幸福永驻。

我们要感谢风，给我们吹来清新；感谢雨，给我们带来滋润；感谢云，给我们捎来遐想；感谢天，给我们带来广阔；感谢地，给我们播种生命。

我们要感谢春天，给我们带来繁花似锦；感谢夏天，给我们带来蓬勃生机；感谢秋天，给我们带来景色如画；感谢冬天，给我们带来白雪飘舞。

我们要感谢白天，给我们带来了阳光灿烂；感谢黑夜，给我们带来了满天繁星。

我们更要感谢周围的人。感谢父母给了我们生命，感谢老师给了我们教益，感谢朋友给了我们欢乐，感谢爱人给了我们深情……

我们还要感谢从古到今为了人类的幸福作出贡献的人们。我们要感谢鲁班发明了锯子，感谢蔡伦发明了造纸，感谢瓦特发明了蒸汽机，感谢爱迪生发明了电灯……

生命中我们碰到的每一个人都值得感谢，因为他们可能种出了我们吃的粮食，织出了我们穿的衣服，制造了我们用的电器，建造了我们住的房子，铺平了我们行走的道路。

不要认为我们得到的一切都是天经地义的。如果你认为现在拥有的东西都是你应该得到的，说明你是一个很自私的人。因为，没有别人的付出和贡献，我们将一无所有，我们的生活将会失去意义。

我们也要感激生活中的失败，它使我们知道了成功的不易；感激生活中的挫折，它使我们学会了坚强；感激生活中的痛苦，它使我们品尝到了幸福的珍贵；感激生活中的绝望，它使我们敬仰希望的力量。

停止抱怨，常怀感激之心；不再猜忌，伸出拥抱之手。我们的生命将会变得幸福美丽。

让现在的行动拥有未来的意义

动物的行动通常都只有生存上的意义，它们都只为今天活着。尽管有些动物在进化过程中学会了储存必要的食物，如松鼠为了过冬储存果实，但这一行动不是思考的结果，而是生存的本能。因此，当灾难突然来临，大多数动物都没有抵御能力，只能听从自然之手摆布。人类是学会了通过现在的努力为未来作准备的唯一生物。人类最初所做的事情就像动物一样，把吃不掉的粮食储存起来，后来慢慢学会了为某种可能出现的困难作准备，比如为了防止严酷的冬天而储存大量的柴火。从此，人类的眼光越伸越远，从空间上越过地平线看向太空，从时间上越过现在伸向未来，从生命上越过自己走向后代。人类拥有了穿越时空、看向未来的眼光，也正是因为这一眼光，使人类真正区别于其他动物。尽管我们的行动还有很大一部分是为了现在活着，但随着人类精神生活的丰富和对更美好生活的执著追求，让现在的行动拥有未来的意义已经变得十分重要。

之所以要让现在的行动拥有未来的意义，是因为人的未来是需要设计的。我们没有办法像动物一样自生自灭，我们也没有办法像动物一样靠肉搏来取得生存的空间。当几乎所有的人都或多或少在设计未来时，有一个事实让我们已经无可否认：谁能够把未来设计得更好，谁就能够取得生命的最佳位置。

让现在的行动拥有未来的意义，需要几个前提条件：一是你现在能够相对较好地生存下去。如果我们每天工作20个小时还养不活自己，就很难为了未来而行动。二是你必须具备面向未来的眼光。很多人生活得很好，但面向未来却一脸茫然，只能把时间浪费在喝酒、打牌、聊天、看电视上面，生命随波逐流。三是需要有放弃的勇气。有时候为了未来活得更好，我们需要放弃眼前的一些享乐或利益，甚至需要在一段时间内过像苦行僧一样的生活。有时候，不放弃现在的舒适，生命就得不到更加长远的幸福和保证。

让现在的行动拥有未来的意义，并不意味着要大家放弃现在生活中的乐趣；也不是要求大家为了未来，让现在的行动变得苦不堪言。人类的智慧就体现在如何把今天和明天结合起来，如何把今生和来世结合起来。要做到这些，如下两点十分重要：一是你现在做的事情是你喜欢做的事情，或者通过努力变得喜欢做的事情。比如说你喜欢读书，读书本身就是一种享受，同时“开卷有益”，读书能增长我们的智慧，成就更好的未来，所以，读书拥有未来的意义。但是，如果你喜欢的事情不具备未来的意义，就要尽量少做，比如打麻将等，否则生命的意义会随着麻将的噼啪声烟消云散。二是现在做的事情能够和未来你生命中某一个更有意义的时刻挂钩。比如说学生努力学习，尽管辛苦，但动力就是未来能够进入大学深造。如果未来某一个有意义的时刻必须以现在的痛苦为代价，而你认为付出这种代价是值得的，那痛苦就会变得可以忍受，甚至可以从中培养出坚忍不拔、永不放弃的精神。很少有人会认为马拉松比赛本身是一场让人身心愉快的运动，每个参加者跑到最后都龇牙咧嘴、痛苦不堪，但坚持跑到最后就是为了得到成就感和精神升华，感受到“I can do it”的豪迈。

人类的智慧就体现在如何把今天和明天结合起来，如何把今生和来世结合起来。

让现在的行动拥有未来的意义，也意味着我们不仅仅要考虑活着的意义，还要将生命不断延伸，将生命的意义延续到我们的肉体生命之后。在大千世界中，只有人会把眼光投向浩瀚的星空，也只有人会面对浩瀚的星空来寻找永恒。寻找生命的崇高是每个人的宿命，无可逃避。没有人愿意行尸走肉般活着，没有人愿意被别人当做动物一般看待。追求生命的尊严，是人类历史不断发展和进步的根本动力。从奴隶社会到封建社会到现代民主社会，整个社会发展的历史就是人类追求自己生命尊严的历史，也是苦苦寻找更加美好出路的历史。我们崇敬那些为我们留下了宝贵的精神遗产、历史遗产和物质遗产的先辈们，同时也希望自己能够为未来的人类和历史留下些什么。每一个人都希望活出一份崇高来。

让现在的行动拥有未来的意义！在今天尽可能活得开心的前提下，心中永存明天更好的信念。“相信未来吧，相信不屈不挠的努力，相信战胜死亡的年轻，相信未来、热爱生命”，这样的诗歌每个人都应该牢记在心，成为我们生命的支柱。没有未来，即使肉体上还活着，生命也将变成难以忍受的一片虚空。

存在的理由

我们时刻都在问自己存在的理由。生活在绝境和苦难中时，我们问自己为什么活着；生活在悠闲和舒适中时，我们也问自己为什么活着。人的一生，似乎一直在为自己的存在寻找答案。只要是人，就避免不了思考我们存在的意义。

那些对生存的意义有着明确答案和坚定信念的人，是幸福的；但这样的人一定不是多数。对于大部分人来说，要找到一个坚定的答案，十分困难。很多时候我们得到答案的同时，就又失去了答案。我们觉得自己为了名声而来，可很多得到名声的人倍感空虚，有一些好莱坞的影星吸毒就是证明；我们觉得自己为了财富而来，可很多有钱人的生活俗气而无聊；我们觉得自己为了爱情而来，可现实生活中常常迎来的是失恋的痛苦或者是婚姻后的平淡；我们在中小学的唯一目标是为了上大学，进了大学才知道生活刚刚开始，前途一片迷茫；在大学期间，生活出现了无数答案，是出国、考研，还是工作？是读书、恋爱，还是虚度光阴？我们不知道怎样才能应对同学的眼光和社会的标准，不知道怎样才能从容地生活。有些同学受不了人世间的冷暖，精神压抑，甚至以自杀来宣告自己没有存在的理由。

我们到底为什么来到这个世界？答案如果很容易找到，也就不需要人类几千年的苦苦探索。但既然我们来了，就一定有来的理由；既然我们存在了，就一定有存在的原因。人是有着精神境界的动物，因此我们希望把自己的现实生活和精神生活紧密联系在一起，最好两者合二为一。但由于现实层面和精神层面有时会相差很远，要把两者结合起来会产生很多痛苦，所以人们常常走向两个极端：一是尽可能放弃精神上的追求，使自己彻底活在现实中；另一个是像蜗牛一样退缩到自己的精神世界中，彻底脱离现实世界，使自己在现实生活中的能力越来越差。

因此，对于我们来说，生活于现实之中，又能够高于现实进行深刻思考，是我们最好的出路之一。

这两个极端都是非常危险的。对于前者，在现实的名利场中随波逐流，也许能够得到一时的好处，但没有了精神的航标灯，也就失去了人生方向。人类从整体来说是追求崇高的动物，因此一个没有崇高追求的人，就不再有自尊和尊严，会陷入更深的痛苦中。凡流芳百世的，都是为人类创造出宝贵精神财富的人物。面对这些伟大的文学家、思想家、艺术家，很多有钱人既痛苦又羡慕，但是却毫无办法，因为金钱换不来不朽英名。

另一极端的人，由于自己缺乏与现实世界相处的能力，最后彻底放弃和现实世界的纠缠，这实际上就标志着人生的失败。那些思想大师们都是在和现实世界打交道时，产生了种种的感悟和思想，也只有在现实中产生的思想，才能够为现实所用，指导现实生活。孔子尽管很高洁，但每次听说有当官的机会他都不放弃，因为他希望通过参与来实现自己的政治理想。苏格拉底到死也不愿意离开现实，希望通过自己的生命来证明现实的错误。没有勇气面对现实的人一定没有勇气传播自己的思想，也不可能成为真正的思想家和精神引导者。

因此，对于我们来说，生活于现实之中，又能够高于现实进行深刻思考，是我们最好的出路之一。现实修正精神的失误，精神引导现实的方向。每一个人都有存在的理由，但很多短暂的东西一定不是我们存在的理由：你中了一次彩票，你获得了种种荣誉，你被媒体评为最有影响力的人物之一，你成了超女或快男——这些都和你长久的生存质量没有太多关系，而且如果把持不住，反而容易伤害长久的生存之道。本来一个好端端心平气和的人，因为某种外在的力量变得心浮气躁，这样的例子现实生活中比比皆是。一个作家，本来应该用思想说话，但我们却发现他在用身体或争辩说话；一个歌唱家，本来应该用歌声说话，但我们却发现他在用热闹和噱头说话；一个经济学家，本来应该用著作说话，但我们却发现他在用游说和演讲说话；一个企业家，本来应该用业绩说话，但我们却发现他在用作秀和宣传说话；一个记者，本来应该用良心说话，但我们却发现他在用偏见和私利说话；一个演员，本来应该用真情说话，但我们却发现他在用炒作和隐私说话——看到这一切我们只能说，在这个心浮气躁的狂热时代，我们很多人出了问题。对这些问题你也许可以一笑置之，但时间却是一把无情的检验尺。

即使在不远的将来，那些被人们记住的人物，也一定是真正用思想说话的作家，用歌声说话的歌唱家，用著作说话的经济学家，用业绩说话的企业家，用良心说话的记者和用真情说话的演员。历史对待人是这样刻板，你迎合了现在，未来就不一定为你而存在。

走在路上

我似乎注定了要过一种在路上的生活。我有着不安分的灵魂，总想四处游荡。我的内心深处有一种呼唤，总是把我带向不可知的远方。即使让我坐在房间里，我也希望有一扇能够让我眺望地平线的窗户。

从出生到18岁，我一直在一个小村庄生活，头顶同一片天空，脚踏同一块土地，每天看到的都是相同的风景，遇到的都是熟悉的乡邻。我本来应该过一辈子平平淡淡的农村生活，娶妻生子，在土地上劳作，每天迎来朝阳送走晚霞，慢慢变老。但老天偏偏让我降生在了长江边上，又偏偏在我家的东边生成一座百米高的小山，爬上这座小山，长江就可以一览无余。那时候还没有污染，可以极目远眺，看得很远很远。一些船从天边过来，又消失在天边，一些云从江边来，又消失在江边，于是我就开始好奇，天边外到底有什么？如果我坐上船能够到哪里呢？感谢我的几个亲戚，因为他们住在上海，于是在我八岁的时候，母亲决定带我到上海去一趟。坐船半天一夜，终于到了上海。这次旅行，长江的壮阔、吴淞口的苍茫、上海的灯光和街道的繁华，给我留下了深刻的印象。从此，我的心开始渴望远行，盼望着长大后要走出村庄，走向更远的地方。

我第一次坐火车是到北京上大学，这也是我第一次看到火车。我考大学考了整整三年，自己也没弄明白是什么让我坚持了三年。现在想来，是心中那点模糊的渴望，走向远方的渴望。这种渴望使我死活不愿意在一个村庄待上一辈子，而唯一走出村庄的办法就是考上大学。当时的农村还没有外出打工这一说，如果放到现在，我可能就是一个背上包四处游荡的打工仔了。有一段时间，我疯狂地爱上了火车，在车厢里听着车轮和铁轨撞击的强烈节奏，听着风声在车窗外呼啸而过；还有那对面开来的火车撕心裂肺的长鸣，常常把我的思绪拉得很长很长。火车从一个城市穿过，走向另一个城市，窗外的风景不断变换，我就把自己的心留在了不同的风景里。

我们一辈子走在两条路上——心灵之路和现实之路。这两条路互相补充互相丰富，心灵之路指引现实之路，现实之路充实心灵之路。

我的大学生活是孤独和自卑的，一个农村孩子走进大城市之后的转变是深刻而痛苦的。四年大学对我来说最大的安慰就是周末可以走出校园，到北京的周围去爬山。我曾经无数次坐在香山顶上看夕阳西下，群山连绵。在大学三年级时，我得了肺结核，被送进了坐落在北京西郊山区的结核病疗养院。尽管这个疗养院围墙很高，但在楼上的房间里却能够看到周围的山。在医院一年，我看遍了山的颜色：春的粉红、夏的青翠、秋的火红和冬的萧瑟。在医院的门口，有一座小山，山顶上刻着冯玉祥题写的“精神不死”四个大字，我几乎每天都要去爬这座小山，对着这四个字发呆。后来身体好点后，医生允许我走出大门，我就去爬遍了每天从医院的窗户里可以看到的那些山峰。也就是在医院的这一年，我读完了《徐霞客游记》。

人需要有一种渴望，需要有一种梦想。没有渴望和梦想的日子使我们的生命失去活力和勇气。有很长一段时间，我差一点掉在了安于现状的陷阱里。大学毕业后，我留在北大当老师，收入不高但生活安逸，于是娶妻生子，柴米油盐，日子就这样一天天过去，梦想就这样慢慢消失。直到有一天，我回到家乡，又爬上了那座小山，看着长江从天边滚滚而来，那种越过地平线的渴望被猛然惊醒。于是，我下定决心走出北大校园，开始了独立奋斗的历程。在出国留学的梦想被无情粉碎之后，“新东方”终于出现在我生命的地平线上，带着我穿越地平线的梦想，从此一发不可收拾。新东方从一个城市走向了另一个城市，从中国走向了世界。我也带着新东方的梦想和我的渴望，从中国山水走向世界山水，从中国人群走向世界人群。

走在路上，也许这就是人生。我们一辈子走在两条路上——心灵之路和现实之路。这两条路互相补充互相丰富，心灵之路指引现实之路，现实之路充实心灵之路。当我们的心灵不再渴望越过高山大川时，心灵就失去了活力和营养；当我们的现实之路没有心灵指引时，即使走遍世界也只是行尸走肉。一年又一年我们不断走过，每一个生命走得如此不同。新的一年又要来临了，你做好了走在路上的准备了吗？

挣脱生命的束缚

每个人都渴望生命能够像海水一样没有障碍地奔腾流动，和蓝天相接；每个人都渴望生命像风一样从天空自由自在地飘过，除了带走白云，没有一丝牵挂。没有人希望自己的生命受到束缚，就像没有任何动物愿意被关在笼子里一样。人的一生都是为了挣脱某种束缚而努力的过程，这一过程使人的生命变得丰富多彩、充满机遇，使人在奋斗中咀嚼失败、品味成功。

人一旦有了自觉意识之后的第一件事情就是和束缚抗争。从十一二岁开始，青少年一般都会有几年很强烈的反叛期，这一时期的青少年，常常不管父母或老师说得对不对都和他们对着干。这正是生命想要挣脱束缚的具体表现之一。可以说青少年对于父母的第一次抗争，就拉开了一辈子和各种各样的束缚进行斗争的序幕。动物通过角斗来宣示力量，确定自己在群体中的地位；人类通过智慧和耐心来证明自己的能力，最终摆脱社会的束缚进入自由状态，尽管这一自由状态有可能只是一种虚幻，但争取进入这一状态的奋斗过程正好赋予了生命丰富的涵义。

一个人与其说是为了理想而努力，还不如说是为了摆脱某种束缚而努力。如果我们出生在贫苦家庭，我们可能所有的努力只有一个目的，就是为了摆脱贫困。因为贫困给我们带来太多的束缚，在贫困中生命得不到张扬，也得不到尊重。在贫困中的人因而常常能够更加自强不息，因为他的背后有足够的动力：想要像城里人一样过上好日子（尽管城里人日子不一定好过），想要像城里人一样吃得更好，走得更远。这些最朴素的理想成为了最持久的动力。当人们脱离贫困之后，马上就会为了争取自己的社会地位而努力，因为社会地位的高低直接和一个人的尊严有关。一个人如果社会地位低下，就像在群狼中的尾狼一样，永远只能吃最后一口肉，永远得不到最好的机会，甚至得不到母狼的青睐。社会地位低下这一可悲的状态足以鼓动任何人用尽一切力量来摆脱卑微。社会地位的低下是一种非常现实的痛苦，当那些来自社会底层的大学生看到有家庭背景的同学总有人前呼后拥，被女孩子前堵后追的时候，不管有多大的胸怀都会胸口发闷。在这种感觉下，懂得社会地位不可一蹴而就的人会用持续耐心的努力来争取社会地位的改善（有时候是一辈子的努力），而没有耐心的人就会采取危险行动。面对社会地位的诱惑，有虚荣心和贪婪心的人尤其危险。虚荣的人容易为了面子而断送幸福，而贪婪的人极有可能为了地位而断送生命。因为地位和金钱一样，没有任何满意的衡量标准，只能用内心去感受，一个面对地位和权力的诱惑不知道适可而止的人，极容易进入危险之地。但不管怎样，大多数人一辈子的奋斗过程，就是提高自身社会地位的过程。当有了一定的社会地位之后，人们就开始要求精神的解放、心灵的自由，希望摆脱社会对于自己心灵和精神的限制，这是更高层面的生命抗争（当然有些伟人可以跃过贫困和社会地位的障碍直接进入追求精神解放的境界）。人生而平等这句话表达的不仅仅是一个社会地位问题，也是精神自由问题，民主诉求的实质是摆脱思想束缚，获得精神平等。当

人的一生都是为了挣脱某种束缚而努力的过程，这一过程使人的生命变得丰富多彩、充满机遇，使人在奋斗中咀嚼失败、品味成功。

我们发现现实世界的很多束缚不可挣脱时，我们希望自己的心灵得到解放，而这一挣脱各种心灵束缚的过程正是伟大文学和哲学思想产生的过程。人们进行文学和哲学思考的主要目的就是为了解放自己的情感，同时获得通向幸福和自由的路径。

如果说一般人的生命奋斗过程就足以令人感动，那另外一种人的成功更加震撼人心，那就是摆脱了身体残疾的束缚而创造奇迹的人，因为他们做到了连正常人都做不到的事情。海伦·凯勒从小失聪失明，但最后写出了令人颤抖的美丽文字；贝多芬在失聪之后谱写了《第九交响曲》；霍金坐在轮椅上通过手指的动作写出了《时间简史》；司马迁在遭受宫刑之后完成了《史记》——这些人的伟大成就没有一个不是在摆脱了身体残疾的束缚之后，放飞了自己强大的精神力量。我曾经碰到过一个叫左力的浙江学生，从小耳朵就完全听不见了，这个世界对他来说是一片寂静，但他却通过自己的努力一直读到了大学，而且一直都是好学生。他能够通过阅读老师的嘴唇知道老师在讲什么；他写出来的文字流畅通顺，思想丰富；他现在还准备到国外最好的大学去读书，从唇读中文转向唇读英文。我们拥有美好听力的人都没有把英文听懂学好，面对左力这样的学生，我们除了努力，还有什么好抱怨的呢？

我把左力这样的人称作带着束缚跳出了最美丽舞蹈的人。其实，一辈子总有某些东西束缚着我们，不管是贫困还是社会地位，不管是传统习俗还是法律条文，生命的抗争就是在束缚中跳出美丽舞蹈的过程。没有束缚的生命反而显得轻浮而缺少分量；生命的束缚和挣脱束缚的努力，使我们生命变得厚重而美丽。我在学习单板滑雪时对于这一点体会尤其深刻。单板滑雪必须把两个脚牢牢地固定在板上，因此在光滑的雪地上你只要站起来就会摔下去。在你和滑雪板进行抗争的过程中，你会摔得鼻青眼肿，但只要坚持下去你就会发现，单板慢慢地好像融为了你身体的一部分，已经在你脚下运用自如。借助单板，你已经可以翻滚腾挪，飞驰向前，为生命留下一连串的潇洒和美丽。

心灵的富足

生命最大的满足就是心灵的富足，人的任何追求都应该以追求心灵的富足为最终目标。这并不意味着我们不去追求物质财富，但任何对于物质财富的追求都应该回归到心灵富足的层次才有意义。在我们有了足够的食物、衣服和躲避风雨的住所之后，任何追求如果没有更高层次的意义，最终将会归于无聊和空虚。

我们很多人都会有这样的经历，在物质过剩的时候，我们便会变得十分腻烦和不知所措。酒喝得太多了会吐，饭吃得太多了会胀，肚子里油水太多了会胖，不劳作会生出很多富贵病。人类的很多疾病都源于物质生活的过剩。当我看到一个肥胖的人牵着一条肥胖的狗从路上走过，我不仅为人感到痛苦，也为狗感到痛苦。它本来应该健康地奔跑在田野上，追逐野兔或白云，现在却被害得连路都走不动。这条狗被物质的过剩牺牲掉了，同时牺牲掉的还有它本来应该更加快乐健康的生活。另外，当我们物质生活过剩的时候，我们常常会在选择中迷失。女人们在满柜子的衣服前左挑右选，不知道穿那件衣服合适；男人们在满桌的酒菜前左顾右盼，不知道从哪里下筷。这实在不是令人愉快的事情。我们小时候就那几部电影，看得死去活来，却成了我们童年最好的回忆；现在的孩子们光碟满天飞，几乎每天一部新片，但长大后对童年却没有太多的记忆。物质丰富也没有错，但应该有一种正确的态度来面对，人类应该在创造物质财富的同时心灵也感到十分富足。

即使不是物质层面的东西，如果最终不能得到心灵的富足，也会让人感到无比空虚和失落。当我们和朋友们一起聊天时，常常会因为朋友们带来新的思想和

看法而感到快乐；但当一帮人在一起天天讲着同样的故事，听着同样的打趣，你就会因为枯燥无聊而不再参与。心灵渴望思想就像沙漠渴望甘泉一样，是一种生命的追求。当在单位上班时，我们可以采取两种工作态度：一种是把工作当做生存的工具，只要每天熬过八小时，最后拿到工资就行；另一种是把工作当做快乐的源泉，从工作中学习新的东西，迎接挑战为自己设计新的工作目标，达成目标后得到心灵的满足。如果以第一种态度去工作，我们必然对工作越来越厌烦，唯一留给自己的是失落和痛苦。

每当我们做一件事情，都要先问问自己，我们最终能得到心灵的富足吗？如果回答是否定的，我们就没有必要做这件事情。同时，我们要把心灵的富足和虚荣心的满足区分开来。心灵的富足是长久的，而虚荣心的满足是临时的。人们互相斗富，你买宝马我就买奔驰，你戴浪琴我就戴劳力士，超过别人得到一时的满足，这是虚荣心的满足。虚荣心的满足常常会带来恶劣的后果。中国人好脸面和虚荣，什么东西都希望表面上光鲜，结果弄得自己死去活来。最典型的例子就是青年人结婚摆排场，租高级轿车，吃五星宾馆，结果欠了一屁股债导致夫妻关起门来天天吵架。

追求心灵的富足也跟从小的教育有关，教育能够把这种追求变成一种习惯，比如当初向雷锋同志学习的活动，就造就了一批真正全心全意为人民做好事的人。但现在的孩子们，在社会大环境的影响下，每天谈论的都是谁家的房子大，谁的父母官大，谁的衣服是名牌，谁的手机更好。在这种环境下长大的孩子，未来很容易成为空虚而迷茫的一代。

寻找心灵的富足有一个标准，如果一件事情你越做越喜欢，通常能够引导你走向心灵的富足。当然这一标准必须排除像赌博、吸毒这样尽管让人上瘾，但最后却把人毁掉的事情。我们潜心读书，往往都会越来越喜欢读书，那是因为在读书的同时，我们得到了心灵的富足；我们浪迹天涯，往往都会越来越喜欢远游，那是因为在远游的同时，我们得到了心灵的富足。我们为什么奔向大海？因为大海的广阔给了我们心灵的富足。我们为什么攀登高山？因为高山的险峻给了我们心灵的富足。我有一个朋友收藏古董，倾家荡产，但却生活得幸福安宁，因为他看到自己的收藏品脸上就洋溢出满足的笑容，这是一种心灵的富足。我的另外一个朋友每年都要到青藏高原去旅游一个月，差不多一年的积蓄都要用在上面，但每次回来都像仙人下凡一样，一无所有一身轻松，这也是一种心灵的富足。

我们要把心灵的富足和虚荣心的满足区分开来。心灵的富足是长久的，而虚荣心的满足是临时的。

心灵的富足是一种美，这种美是一种发自内心的快乐，是一种把生命融入诗意的壮举。当我们看到大自然的美而不为所动时，我们的心灵已死；但当我们朗读下面的诗歌，内心感到一种情感的涌动时，我们就拥有了心灵的富足：

太阳在天上
风在自由地游荡
云的影子在树梢
低头，满地阳光
心情在远方
……

伟大的诞生

伟大是如何诞生的？很多人都有自己的答案。有人说伟大是熬出来的，比如说曼德拉在监狱里熬了27年，终成伟大；有人说伟大是一种机遇，比如刘邦在和平时代可能就是一个地痞，但历史的激荡风云把他造就成了一个伟大时代的开创者；也有人说伟大是一种超越，当我们在《阿甘正传》里看到那个智商平平的阿甘不断超越自己，带着一种勇往直前的精神创造一个又一个的奇迹时，我们感受到了一种伟大的存在。其实每个人心里都有一份对于伟大的渴望，但有的时候我们却发现自己身陷琐碎的世界，离伟大的目标越来越远。

我们经常把伟大赋予那些我们希望追随的伟人，从释迦牟尼到耶稣，从孔子到老子，从孙中山到邓小平，从焦裕禄到孔繁森，几乎每个人心目中都有一个值得自己崇拜的偶像。每个人也都在自觉不自觉地寻找生命的榜样，这些榜样有时候像迷雾中的航标灯，指明了我们本来已经迷失的生命方向。但大多数榜样离我们很遥远，不是历史人物就是远在他乡，当我们真正需要他们的时候，他们很少会出现在我们的身旁。而在最痛苦、绝望、迷茫、脆弱的时刻，我们最需要的就是有人在我们身边扶我们一把，给我们一点鼓励，给我们一点温暖。

在我们讨论伟大的时候，我们往往只想到某个人，而任何个人的伟大都有其特殊性，也都或多或少有着不可模仿性。其实，真正的伟大就在我们身边。这是一个群体的伟大，这个群体具备了伟大的所有特征，世界上所有的伟大都源自于这个群体，源自于这个群体给予我们所需要的所有滋润和营养——这个群体的名字叫做母亲。当我们抛弃所有关于伟大的玄妙概念，抛弃那些常常让我们困惑的榜样，我们便能够从母亲身上学到所有关于伟大的实质内容，找到通往伟大的寻常途径。

母亲对于孩子的爱是无条件的，不管孩子是健康的还是残疾的，是聪明的还是愚笨的，是漂亮的还是丑陋的。

母亲的心中充满着爱。母亲对于孩子的爱是无条件的，不管孩子是健康的还是残疾的，是聪明的还是愚笨的，是漂亮的还是丑陋的。即使全世界都把你抛弃了，母亲一定不会抛弃你。即使全世界都不能原谅你所犯的错误，第一个原谅你的人一定是你的母亲。因此当我们能够像母亲一样，把心中的爱给予他人，不管他们是富裕的还是贫困的，是黄皮肤还是黑皮肤——只要我们给予他人真心的爱，世界就会变成一个灿烂的春天，而我们自己就有了佛陀的情怀。

母亲有着最好的欣赏精神。母亲对于自己的孩子总是欣赏的，嫌弃自己孩子的母亲让人难以想象。她欣赏自己孩子的长相，欣赏自己孩子的一举一动，欣赏自己孩子的哪怕一点点进步。一个母亲很少会通过讽刺、打击、嘲弄来让孩子成长起来，她总是及时鼓励，帮助孩子取得更大的进步。因此当我们想起母亲，心里总是温暖的。如果我们能够像母亲一样，用欣赏的眼光对待我们身边的每一个人，及时地鼓励那些需要鼓励的人，而不是讽刺挖苦他们，这个世界将会消除所有的歧视和偏见，变得阳光明媚，而我们自己就有了耶稣的胸襟。

母亲拥有最坚定不移的目标。母亲最坚定不移的目标就是让孩子健康成长。当一个孩子出生后，母亲心中所想所做的一切事情就是如何让孩子平安长大，用呕心沥血、含辛茹苦来形容母亲对于孩子的抚育是绝对不过分的。为了孩子的成长，母亲常常牺牲自己的快乐、幸福和青春，有的时候甚至牺牲自己的生命。母亲在做这一切的时候永远是无怨无悔的，正是因为母亲的这种态度使得一代又一代人健康地成长起来。面对母亲为了孩子的成长所付出的努力，世界上任何其他的努力都黯然失色。如果我们能够像母亲一样，对于自己的事业和志向有着无怨无悔的追求和爱护，世界上难道还有什么事情是做不成的吗?

母亲无私付出却不计回报。我们只听说过八九十岁的老母亲还在为了维持家庭而劳作奔波的故事，很少听说过母亲找子女算账要求回报的事情。从孩子出生的第一天起，母亲就一直在付出，她们付出了所有时间和精力，但从来没有去计算她们是否能够得到回报。如果未来孩子们成功了，她们露出的是欣慰的微笑；如果未来孩子们失败了，她们敞开的是温暖的胸怀。因为不计回报，心中便没有怨恨，只有欢喜。如果我们能够像母亲一样，对于我们的任何付出都不计回报，而是用一颗平静安详的心去帮助别人，我们就一定能够比雷锋、焦裕禄做得更好。

当我们在四处茫然寻找生命的榜样时，其实我们只要想一想母亲对待我们的态度，并且把这种态度当做我们的行为准则，我们自然就有了一个伟大的人生。当我们发现身边有这样的一个人，他对我们充满了关爱，他欣赏我们所做的一切，总是鼓励我们进步；他有着坚定不移的目标，为了追求一个崇高的事业无怨无悔；他愿意为我们付出一切，而对于付出的一切从来不求得任何回报——当我们身边出现这样一个人的时候，你会发现不承认他伟大是一件很难的事情。而你同样可以成为这样伟大的人。

定目标，沉住气，悄悄干

有一次记者采访万向集团的创始人鲁冠球，问他为什么很多民营企业做了十年左右就垮了，而他却能够带领万向集团一路成长和辉煌30年，鲁冠球用了九个字来概括了自己做成万向的所有心得，那就是“定目标，沉住气，悄悄干”。应该说，这九个字道尽了一个人做事和做人的所有秘诀。

首先是定目标。一个人要出发之前，先得问问自己到底要走到哪里去，如果不知道走到哪里就出发，那叫做徘徊或盲动。红军万里长征到达了陕北，而乱走一万里可能只是原地踏步。目的地的远近也决定了所需要做的准备的不同：如果你从北大到清华，可能只需要骑自行车；如果你从北京到天津，可能就需要开汽车；而从中国到美国就需要坐飞机过去。目的地的环境也决定了你需要具备的能力和装备：如果你在城市行走，也许只要有钱就什么都能解决；如果你到国外去行走，就需要对当地的语言和习俗有所了解；如果你要登上喜马拉雅山，那就需要你有强健的体魄、足够的训练和必要的登山设备。因此定目标不仅仅是简单地设定目标的问题，还有定的目标是否切合实际和符合自己能力的问题。鲁冠球最初从一个乡镇企业做起，小本经营，只做汽车的万向节，后来慢慢地把小生意做成了大生意，现在已经涉足金融、地产、教育等行业。万向做成了中国最成功的企业之一，鲁冠球成了中国最有钱的富翁之一，万向的发展过程其实是随着企业资本和个人能力的提高，目标不断提高和改变的过程。我举万向的例子并不是说我们只能从小做起，而是我们不管做什么事情，都要脚踏实地步步为营，只有这样才能把大目标分解成小目标，一步步地实现。

第二点是沉住气。沉住气是十分重要的，谁都知道只有沉得住气的人才能够把事情做大。一个浮躁的、急于求成的人往往缺乏周密的思考，而且言辞情感也容易露于表面，这样很容易把事情做得浅薄，也很容易被别人看破真相。沉住气首先表现在对于自己和自己所做的事情有信心。一个对于自己所做的事情没有信心的人是沉不住气的。只有坚定不移地相信自己能够成功的人，才有足够的耐心沉住气闷头苦干。沉住气也指一旦确定目标便不会轻易改变。很多人随着社会环境和形势的改变，不断改变自己的人生目标，结果时间都花在了对于目标的选择上。还有很多人以为自己在做事业，实际上是在随大流，今天别人做网络跟着做网络，明天别人开连锁跟着开连锁，结果到最后一事无成。

凡是喜欢虚张声势的人一般来说都是没有底蕴的人，而底蕴的厚度决定了事业的高度，没有底蕴的人就像没有基础的房子，造得越高倒得越快。

沉住气更重要的是指一个人遇到困难和挫折能够不屈不挠沉着应对，即使千夫所指也相信终有一天能够挺立在天地之间。当初韩信钻裤裆就是这种沉着，诸葛亮空城计就是这种沉着，毛泽东转战陕北就是这种沉着。如果一个人面对各种挑战和失败能够坦然处之，放眼未来，他就必然能够沉住气，做出大事来。

第三点是悄悄干。这一点对所有人都是一个非常重要的忠告。我们小时候就能背诵这样的语录，叫做“虚心使人进步，骄傲使人落后”。我们知道一个人获得一点点成就并不难，难的是一辈子都有所收获。但大部分人在获得了一点成就后，就到处宣扬，唯恐路人不知。于是我们看到很多学生在骄傲中成绩越来越差，很多政府领导在骄傲中常常折戟，很多企业在老板的骄傲中纷纷倒闭。而那些很少吭声，保持冷静头脑，努力寻找机会的人和企业，像鲁冠球和他的万向集团，却能不断地兴旺发达。全世界的人们都喜欢那些悄悄干出大事业的人，反对那些虚张声势的人，原因非常简单：一是人们从本能上就喜欢谦虚的人，因为谦虚给人一种信任感和安全感；二是谁也不希望身边人比自己牛或者看起来比自己牛，尤其自己说自己牛的人更加容易招致别人的反感；三是凡是喜欢虚张声势的人一般来说都是没有底蕴的人，而底蕴的厚度决定了事业的高度，没有底蕴的人就像没有基础的房子，造得越高倒得越快；最后，悄悄干也体现了一个人的风度，因为有风度的人一定不会有点成就到处炫耀，他们更关注的是自己的未来和别人的感受。

总之，当我们真正掌握了“定目标、沉住气、悄悄干”这九个字的真谛，并且应用于生活和工作中，就能够更加得心应手来驾驭自己生命的航向。是的，让我们定目标以明志向，沉住气以踏征程，悄悄干以成大业。

面对灾难的选择

2008年5月12日，中国人民永远不会忘记的日子。下午2点28分，四川汶川8.0级大地震摧毁了这片土地上无数美丽的家园，吞噬了接近十万人的宝贵生命。灾难来临了，来得那么突然，来得那么无情，在吞噬了无数的生命和家园之后，用极其冷酷的姿态把夷为平地的废墟扔给活着的人们。灾难，考验着中国人民。面对灾难，在最初的慌乱之后，中国人民做出了自己的选择。

面对灾难，中国人民选择了勇敢。在地震开始的那一刻起，中国人民就选择了勇敢，我们看到了像谭千秋这样的老师，用自己的身体死死护住了自己的学生，挽救了他们的生命，而他自己则以血肉之躯承受了千斤的楼板；我们看到了像张辉兵这样的老师，用双手死死地撑住了倒塌的门框，让十几个学生得以逃生，而他自己在楼房倒塌的一瞬间变成人们心中永远挺立的雕像；我们看到了共和国总理亲赴现场指挥抗震救灾，把胳膊摔破了也不让医生包扎；我们看到了部队的战士开山辟路，不顾生命危险深入灾区，面对不可预测的余震，一次次冲进可能随时倒塌的废墟救人。中国人民面对灾难所表现出来的勇敢，一次次让世界人民为之感动。

面对灾难，中国人民选择了无私。很多人在听到地震的第一时间就冒着生命危险奔向灾区，希望能够为灾区贡献自己的一份力量。有一些志愿者为抢救受灾群众献出了自己宝贵的生命。当听说灾区需要血液时，几乎全国人民都奔向了医院，不惜排队一天一夜，只为了能够把自己的鲜血献出去；慈善在平时更多的是一句口号，但现在捐款则变成了每一个人的自觉行为，从企业到个人，从富翁到乞丐，大家一起竭尽全力拿出善款支援灾区。最感人的是那些身体残疾的乞丐，把人们施舍给他们的每一分钱都献给了灾区人民。这种我们久违了的无私，原来深深地埋在我们的心里，一夜之间开出了如此美丽的花朵。

面对灾难，中国人民选择了人性。没有道路，步行十几个小时，只是为了能够尽快挽救被埋在废墟里的生命；手搬肩扛，直至鲜血淋漓，只是为了不再给压在楼板下的人们造成进一步的伤害；每次有幸存者被救出来，都能引来全国人民的一阵欢呼；每次看到遇难学生的遗体被挖出来，人们在眼泪之中恨不得用自己的生命把他们的生命换回来；当听说灾区出现了很多孤儿时，我周围的无数朋友都希望能够把失去父母的孩子领到自己的家里来，下定决心要比对待自己的孩子还要更加好地对待领养的孩子；在灾区除了个别现象外，几乎没有出现什么趁火打劫的事件。在灾难面前，中国人民体现出了人性最善良的一面。

面对灾难，中国人民选择了团结。在平时，我们常常觉得“万众一心，众志成城”是一句口号，我们忙着自己的事情，想着自己的心事，计算着自己的利益；而在地震之后，“万众一心，众志成城”不再是一句口号，而是每一个人的实际行动；抗震救灾，重建家园不再是政府的命令，而是每一个人的心愿。我们看到了团结的力量，我们产生了久违的民族自豪感，我们体会了似乎已经变得陌生的民族精神。如果中国人民面对任何事情都能够选择这样的态度，我相信中华民族将成为世界上最伟大和可敬的民族。

面对灾难，中国人民选择了成长。在灾难发生之后的几天之内，中国人民好像突然长大了好几岁，人们不再斤斤计较于自己的利益，开始全力以赴为灾区服务，人们对于自私自利一下子变得深恶痛绝，人们有了大局意识。我们的政府领导，从总理到地方干部，大部分人都显示出了成熟的领导魅力，赢得了人民的好感和敬爱。常常被媒体和社会指责的80后、90后，似乎一夜之间长大成人，奔赴灾区第一线。一场不幸的灾难，让我们看到了一个民族的成长。

是的，我们不想再经历像汶川大地震这样的灾难，就像任何人都不希望自己的生活经历磨难一样；但当灾难变得不可避免时，我们的选择决定了我们的未来。中国人民这一次交出了不错的答卷，因为我们的选择足以感动世界。在未来的岁月里，当我们再次不可避免地遇到考验时，我相信我们还会选择勇敢、无私、人性、团结和成长，因为这是我们走向辉煌的唯一选择。

人为克服困难而生

我始终坚信，人为克服困难而生！人生没有困难，就像地球没有高山，就缺乏了人们征服绝顶的豪迈；人生没有困难，就像地球没有大海，就缺乏了人们扬帆远航的气概。

其实，生命中有没有困难由不得我们主动选择。我们没有自由选择有困难的生活还是没有困难的生活。从出生那天起，我们的成长就是和困难一起成长的历史：我们要学会走路，就必须忍受摔倒；我们要学会说话，就必须努力重复；我们要学习优秀，就必须学会竞争；我们要恋爱，就有可能承受失恋的痛苦；我们要工作，就有可能面临失业的危险；我们要创业，就有可能经历失败的洗礼。对于人生的困难和痛苦，任何人都无可逃避。人与人的不同，并不在于一生遇到困难多少的不同，而在于面对困难所采取的态度的不同。对待困难的不同态度，造就了不同的人生。如果我们相信，人为克服困难而生，那我们就为生命选择了一条正确的道路。

困难就像生命的营养剂。我们很难设想一种既没有困难，也不需要勇气的人生。每个人都希望拥有心想事成的生活，但如果一个人想什么就能够得到什么，他的生命将会变得毫无趣味。一种不需要努力奋斗就可以坐享其成的人生，必将成为一种餍足而痛苦的存在，这就是为什么很多富家子弟堕落和无能的原因。只有经过努力得到的东西才是弥足珍贵的东西，也只有通过努力得到的收获才会使人产生较为长久的自豪感和幸福感。所谓幸福感，就是通过努力有所收获的满足感。由于满足感是不可持续性的，新的满足感一定需要通过新的努力和新的成就才能够获得。

没有困难的人生就像温室里的花朵，永远不可能有远行万里、欣赏世界的机会，也永远不可能有迎接风雨、茁壮成长的力量。如果我们的生命没有困难，我们就会缺乏坚强，就像没有经过锤炼的钢铁，会变得非常脆弱而容易断裂。每个人都有成为最强韧的钢材的潜力，但没有经过淬火、锻造、去除杂质，我们永远成不了优秀的钢材。每一次遇到困难、克服困难的过程，就是我们生命被淬火锻造的过程，就是我们变得坚强的过程。如果我们的生命没有困难，我们就会缺乏渴望，而渴望是生命强大的动力。只有在沙漠中行走的人才知道水的珍贵，只有忍受过饥饿的人才知道食物的重要，只有失去羽毛的鸟最向往天空，只有身陷囹圄的人最向往自由，只有拥有渴望的人才能迸发出追求灿烂生命的勇气。

没有困难的人生就像温室里的花朵，永远不可能有远行万里、欣赏世界的机会，也永远不可能有迎接风雨、茁壮成长的力量。

人的一生，就像一条河流。我们可以是平原上的一条小河，涓涓细流，清澈平静，永远没有奔腾的性格，永远没有呼啸的力量，一生都在安逸中度过；但我们更希望自己是一条从险峻的高山奔流而下的大河，冲破障碍，穿过峡谷，裹泥带沙，呼啸而下。我们更希望用自己的一生，来展现生命的力量，来宣告自己面对困难的强大。长江和黄河的梦想不是平静，它们的梦想是遥远的大海，为了这一梦想，它们融化了冰的封锁，冲破了山的阻隔，绕过了石的顽固，不管一生曲折多少回，但奔向大海的目标始终不变。长江和黄河的曲线不一样，它们流经的地域不一样，它们体现的个性不一样，但它们奔向大海的梦想是一样的，它们在奔流的过程中所体现的精神和勇气是一样的。我们任何一个人的生命和其他人的生命都不会相同，我们的出身不同，生长的环境不同，个性和脾气不同；但伟大的生命一定会有相同的地方，那就是伟大的梦想、克服困难的勇气和坚忍不拔的精神。

其实，人类一无所有，唯一拥有的就是克服困难的勇气，正是这一克服困难的勇气使人类从远古走到了今天。而每一次人类的进步，每一次文明的繁荣，都见证了人类克服困难的历史。人与人之间也没有任何本质的不同，但有的人一辈子了无痕迹，有的人一辈子灿若恒星，造成这种差异的重要原因就是人们克服困难的勇气不同。人生的意义隐藏于困难之中，人为克服困难而生，只有我们拥有了克服困难的勇气，我们的生命才会富有意义，充满惊喜。

奥林匹克精神

从2008年8月8日到8月24日，16个日日夜夜，奥运圣火在北京上空熊熊燃烧，和奥运圣火一起燃烧的，是中国人民的激情，是全世界几十亿人期待和渴望的眼神。大家为每一块奖牌欢呼，大家向每一个英雄致敬。在无数次感动人的瞬间，无数人的眼泪一起流下。来自不同国家和民族、有着不同肤色和宗教的人们，面对奥运会的比赛，心情却都是一样的。赢，赢得畅快；输，输得服气。跨越空间、时间和国界，大家用同一种标准，用同一种态度来对待竞争和输赢，为赢者和输者同时欢呼。这大概就是奥林匹克精神。

奥林匹克精神首先体现的是公平，一种规则明确、完全透明的公平。如果没有大家都能够接受的、没有例外的公平规则，奥运会的任何一块奖牌将变得没有意义，任何一次胜利都将遭到人们的怀疑，甚至引发后果严重的冲突。这种公平超越了任何民族与宗教的隔阂，超越了任何个人的权威和国家的强权。不管是裁判还是运动员，都必须按照规则参加比赛，任何违反规则的行为都将受到惩罚，运动员被剥夺的不仅是奖牌，同时还被剥夺了荣誉和尊严。这次奥运会中，被检测出服用兴奋剂的运动员们，如女子七项全能银牌获得者乌克兰选手布隆斯卡、西班牙女子自行车手莫里诺，还有男子射击铜牌获得者朝鲜选手金正洙等，不但失去了奖牌，而且成为了人们鄙视的对象。人类的最高梦想就是和平幸福的大同世界，如果人们能够在一切领域中超越民族与宗教的偏见，用奥林匹克一样清晰的规则和态度来对待大家之间的不同，也许世界的和平安宁就会从此来临。大家爱上奥林匹克运动会，其公平性和对所有人的一视同仁可能是其中的重要原因。

奥林匹克精神所体现的第二点就是竞争和友谊密切结合。“友谊第一、比赛第二”这句话用在奥运会上也许并不十分恰当，因为所有的运动员都是为了争取第一名而来。但实际上比赛本身就包含了感人的友谊。赢者决不傲慢侮人，输者不会有失风度。在奥运场上，我们不仅仅为赢得冠军的人欢呼，我们也向输得勇敢的人致敬。在我们看来，奥运场上最感人的不仅仅是一块块闪闪发光的奖牌，更是那些输掉的人平静的微笑和友好的态度，更是赢者和输者紧紧拥抱在一起的场面。所有输的人都知道赢者应该得到奖牌，所有赢的人都知道输者也是真正的英雄，而这才是人类成功和失败时应该拥有的真正精神。如果把这一精神用到人类对于进步的追求之中，世界上将会少去很多是非，多出无数灿烂和感动。

赢者决不傲慢侮人，输者不会有失风度。

奥林匹克精神所体现的第三点就是挑战极限，永不放弃。如果说奥运会只是赛出名次，决不会如此激动人心。奥运会激动人心的地方在于运动员不断打破纪录，挑战极限。人类最伟大的发展动力就是对极限的挑战，每一次对于似乎不可能的事情的挑战都构成了人类文明进步的强大动力，所以人们对于打破纪录的运动员都报以最热烈的掌声。每一次奥运会都有许多纪录被改写，这次北京的奥运会上各国选手共打破了38项世界纪录。当我们看到博尔特百米潇洒飞越，菲尔普斯泳池总揽八金，刘春红举重力拔山河，我们不能不为他们欢呼和激动。因为他们的成功，我们不断坚定这样一种信念：追求卓越，挑战极限，生命确实会因此无比辉煌。挑战极限还不仅仅体现在打破纪录上，当我们看到南非残疾人选手纳塔莉·杜托伊特用一条腿游完十公里马拉松游泳比赛，波兰的“维纳斯”娜塔莉娅·帕蒂卡在奥运会女子乒乓球团体赛上用单臂为祖国出战；当我们看到中华台北队的苏丽文拖着受伤的腿11次倒下又站起来时，我们看到了一种精神，一种力量，一种不可战胜的勇气。

真正能够让奥林匹克永存的是人类的感动和让人类感动的精神。没有感动，就没有真情，就没有了真正的奥林匹克精神。奥林匹克精神就是一种永不放弃的精神，一种决不向命运低头的精神。已经成为妈妈的丘索维金娜，为了筹钱为儿子治疗白血病，在已经33岁的年龄，勇敢出征，获得跳马银牌；德国运动员马蒂亚斯·施泰纳举起258公斤的杠铃，获得冠军后拿着妻子的遗像走上领奖台，淋漓尽致地让自己泪流满面；美国射击选手埃蒙斯最后一枪失败，妻子将他紧紧拥入怀中，埃蒙斯拭去眼泪，微笑着向观众致意。所有这一切动人的场景，都是人类精神的最高体现，也是奥林匹克运动会存在下去的真正理由。

危机感

在美国有一群濒临灭绝的鹿，被国家保护了起来，圈在一处水草丰美的地方，不让任何天敌接近它们。这群鹿过着十分惬意的生活，可以吃了睡、睡了吃。很快鹿的数量越来越大，灭绝的危险解除了，但紧接着科学家发现一个问题，这些鹿的身体越来越差，各种稀奇古怪的毛病出现在鹿身上，不是心血管病就是肥胖症，科学家使用了各种办法治疗它们，却总不见好。最后有一个科学家提出来把狼医生请过来，于是一群狼被放到了鹿群中间。当这群狼来到鹿群中间时，鹿群已经不知道狼为何物，傻傻地站在那里。狼看到美食就在眼前，自然扑上去就咬，鹿才知道狼是来吃自己的，争相逃命。就这样每天狼群追着鹿群在草原上飞奔，凡是跑不动的就被吃掉。几个月之后，当医生再次给鹿群检查身体时，发现所有的疾病已经一扫而空，这群鹿在狼的追赶下，已经变得健步如飞，壮硕如牛。

这个故事体现了一个自然法则：只有在充满危机感和紧迫感的情况下才能

更好地生存，一个群体没有危险就是最大的危险。当人类生活在安逸之中时，也面临了和鹿群同样的情况。世界上任何一个朝代的兴起和灭亡都体现了同样的原则。无数王朝的兴起，都起源于被迫无奈之后艰苦卓绝的努力；无数王朝的灭亡，也都是因为没有了危机感之后骄奢淫逸的结果。打江山的人，很像是追逐着鹿群的狼群一样，目标明确，行动迅速，不畏艰辛，最后傲视天下。不管是秦始皇还是朱元璋都体现了这些特征。而失去社稷的人，就像从来没有见过狼群的鹿群一样，已经失去了奔跑的速度和能力，只能任人宰割。不管是罗马帝国的灭亡，还是明帝国的消失，几乎都出于同样的原因。人们在享受了太多的安逸后，会进入一种死亡无意识状态，直到死了都不知道是怎么死的。

一个人也只有经过持续不断充满危机感的岁月，才能够走向真正意义上的成熟。

国家是这样，个人也是这样。如果一个人时时都有危机感，就比较容易付出努力来和危险进行对抗。在和危险抗衡的过程中，人处理各种复杂环境的能力会不断提高。这也是为什么在贫困之家长大的孩子，往往更容易产生坚忍不拔的奋斗精神的重要原因。我的很多朋友在事业上成功之后，常常发出的感慨就是幸亏有了小时候的艰苦生活，才有了成就今天事业的基础。道理比较容易明白，但要真正做到却不容易。因为从艰苦生活中走出来的父母，在面对自己的孩子时，却因为宠爱而失去了判断能力，像保护鹿群一样把孩子保护起来，不让孩子去经历风雨，也舍不得孩子有半点委屈和挫折，等到孩子长大了，才发现孩子已经习惯了饭来张口、衣来伸手的日子，变得一无所能。更要命的是，孩子已经失去了面对艰难面对挑战奋发而起的精神。当一个人没有了奋发精神，就没有了生命活力，也就失去了寻找幸福和快乐的能力。因为，真正的幸福感一定来自于通过自己的努力获得成就之后的快感。任何父母给予孩子的东西，孩子都不会感到珍惜，因为无需付出努力，也就无所谓珍惜。

人类社会只有经过持续不断充满危机感的时代，才能够达到真正意义上的辉煌；而一个人也只有经过持续不断充满危机感的岁月，才能够走向真正意义上的成熟。一个社会或一个人有危机而不能做出反应，就像狮子逼近却不知道如何逃跑的羚羊，最后只能成为别人口中的美食；一个社会或一个人由于暂时的优势处于安逸之中忘掉了危机，就像一只不断沉睡忘了奔跑的狮子一样，最后只能被活活饿死。所以，羚羊和狮子生存的法则就是：羚羊必须不断思考如何跑得更快，以逃避狮子的追逐；而狮子也必须不断思考如何跑得更快，以追上自己生存下去所必须得到的羚羊。

专注的好处

我上小学和中学的时候，教科书就那么薄薄的几本，其他书籍更是匮乏，图书馆借不到，书店买不到，因此只能把教科书翻来覆去地读，用报纸认真地把书包起来，里面的书页都翻烂了，书皮还像新的一样。由于没有别的书看，我把语文书中的课文背了一遍又一遍，从《小英雄雨来》，背到《谁是最可爱的人》，又背到《阿Q正传》——到现在为止每一篇课文都还像刻在心上一样。现在回想起来，当时背过的大部分课文是适应政治形势的文章，如今时过境迁，好像都没什么用了。要是当初教材编撰者就把中国文化中最美好的篇章都编到教科书里面，那一定能让背诵的人至今受益无穷。于是不禁想起了两件事：一是不知道现在的教科书到底编了些什么课文，这些课文学生如果背下来，是不是能够受用终生；第二件事情就是古时候的人从小背四书五经，必须背得滚瓜烂熟，尽管刻板狭隘，但凡是背过的人一辈子都可以引经据典，出口成章，也成就了不少像苏东坡、王安石这样的伟大人物。当然，现在的学生除了语文，还要学习数学、物理、化学、生物、英语等学科，不学就会落后于时代，结果是知识面比古人要广得多，但从熟能生巧到终生受用来说，则远远不如古人了，因为大部分学生都是为了考试学习，考试完了就忘了。学习不再是为了终生受益，过完了考试门槛，学过的知识就可以像敲门砖一样扔掉了。

进了大学之后，我就再也没有体会过小时候一篇篇课文慢慢背，背出无限乐趣来的那种快乐。在大学里发现同学们像百米冲刺一样比赛着读书，读了一本又一本，大家不是比谁把哪本书研究透了，而是比读书的数量。只要能把书名、作者和内容概要记下来，能回到宿舍吹嘘就是胜利。结果我在大学读了很多书，几乎没有哪本书中的重要思想能够信手拈来地引用。现在想来，要是我在大学不那么虚荣地去追赶同学的读书数量，而是踏踏实实研究几本书，可能现在的学问境界和思想深度就不一样了。林肯一辈子的床头书就是《圣经》和莎士比亚，别的书他都不读，结果心智同样伟大而广博。当然，我不是说大家一辈子只读几本书就够，而是在广泛读书的同时，确实应该真正精读几本书，甚至背诵，达到心灵的领悟为止。

在大学的时候，我也曾经拼命学习英语，教科书过了一本又一本，结果学了很多年，英语水平还在洋泾浜的水平上。想想20世纪三、四十年代我们老师的那一辈人，进入教会学校后就拿着一本《圣经》，翻来覆去地念叨，抛开宗教意义不说，几年以后一本《圣经》翻得烂熟，英语水平一辈子过关。记得上大学的时候，听到我们那些老师读英文时优雅的发音和充满自信的慢条斯理，从心里充满了敬意，设想一下当时既没有录音设备也没有复读设施，就能把英文讲得如此地道，那是一种何等了不起的状态。我们现在什么学习设备都有了，把英文学好却很难，是什么原因呢？是我们没有把注意力专注到一个点上，一个点都没有抓住，想要抓住全面当然会很难。所以，现在有人问我英语怎么学，我常常一句话说完：把任何一本好点的教科书背得滚瓜烂熟就行。我没法说让大家把《圣经》背出来，否则大家会以为我是传教的呢。

现在的孩子们选择太多，对于他们来说是好事也是坏事。好事是见多识广，机会众多，坏事是不再专心致志，常常三心二意、见风使舵，不断改变自己生活和工作的方向，结果最后就迷失了方向，也迷失了人生。我的一个朋友做过一个调查，看有多少大学生喜欢自己的专业，结果有一大半是不喜欢的。过去上大学的专业是被分配的，不喜欢情有可原，现在专业是学生自己挑的，不喜欢就已经很不对头了；但更加不对头的还在后面，很多同学因为不喜欢就换了自以为喜欢的专业，结果调查发现，在换过专业的学生中，依然有一半的同学对于自己换过的专业还是不喜欢。可见现在的大学生在众多的机会面前是多么的不知所措。回想起来，反而觉得我们那时的大学生活更加幸福，国家给你分配一个专业，你学也得学不学也得学，结果是不得不学会去喜欢学，后来很多人还成了专业领域的杰出人才。正像丘吉尔所说的那样，一个人不在于他喜欢做什么，而在于学会喜欢正在做的事情。

任何一件事情获得成就，都需要付出巨大的努力，有时候很多人喜欢一件事情是表面的喜欢，一旦要付出努力就会望而却步。我有一个朋友喜欢听钢琴曲，对于会弹钢琴的人羡慕得要死，后来终于有了时间有了钱，于是下定决心要学钢琴，请了很好的老师，结果两个月之后就彻底崩溃放弃。我问他为什么放弃，他说听到自己弹出来的刺耳的声音，神经病都快发作，对钢琴再也没有兴趣了，甚至从此不再喜欢钢琴曲了。因此，喜欢一件事情和要真正做好一件事完全是两回事。做好一件事的前提要付出巨大的努力和心血。我在开始做新东方的时候，是被生活所迫，因此谈不上喜欢。有几个和我同时创业的人，最后都耐不住寂寞和辛苦，半途而废了。但我没有别的事情好做，人又不够聪明，所以只能坚持下来，最后歪打正着，做成了新东方，也喜欢上了新东方。

我们一辈子拥有的时间不是无限的，我们能够做的事情也不是无限的。如果我们能在不断探索世界、扩大眼界、博览群书、广泛涉猎的同时，能够让自己专注起来，一心一意熟读几本书，一心一意学习一个专业，一心一意做成一个事业，一心一意爱一个人，未尝不是一件无比幸福的事情。

为了过好新的一年

当新年的钟声响起，我们跨入新的一年，每个人都会祝愿和希望自己在新的一年里过得更好。为了实现这一愿望，很多人反复定计划，写报告、下决心。在我看来，尽管计划决心都很重要，但是新的一年过得是否有意义，主要看我们能否用肯定的语气回答下面几个问题：我们会过得快乐吗？我们会成长并有成就感吗？我们能做到让周围的人对我很好吗？

我们会过得快乐吗？快乐的第一要素是有生活目标。一个没有生活目标的人就像在沙漠中迷路的骆驼，迷茫和绝望会充满心田，不再给快乐留下丝毫空间。之所以说是生活目标而不是人生目标，是因为人生目标是一辈子的事情，而我们很多人短时间内实在弄不明白一辈子到底要干什么。但我们想清楚一年之内到底想干些什么还是相对容易的事情，所以，为一年的生活定下目标就可以叫做生活目标。定目标有两个标准：一是这个目标是需要认真努力才能达到的，二是这个目标要切合实际。有了目标就有了方向，把目标分解到每一天，每天早上起来都知道今天最需要干的事情是什么，因此每一天就都是充实的，而充实的日子总是更加快乐的日子。快乐的第二个要素是要放松心情，遇到任何事情不着急，凡事给自己留下空间，也为别人留下空间，心平气和地思考和处理事情。遇到利益冲突和眼前为难的事情，退一步海阔天高。这并不是意味着放弃自己的追求，而是用更长远的眼光对待自己的追求。放宽心胸还有另外一个好处，就是不再因为一些小事而自寻烦恼，不自寻烦恼的人一定是快乐的人。快乐的第三个要素是保持身心健康，不要一头扎进学习和工作中再也出不来，或者被学习和工作压得喘不过气来。一小段时间的拼搏是可以的，但长年累月被学习和工作压倒，就是在和自己的生命和幸福开玩笑。我们可以慢慢拼，拼一辈子，让自己活得长一点，而没有必要像流星一样把自己一瞬间拼没了。要学会热爱大自然、热爱运动，每个星期抽出半天一天在大自然中走一走，呼吸新鲜空气，心情自然不同。徒步、爬山基本上都是不用花钱的运动，让自己在运动中变得神清气爽，学习和工作效率自然提高了。能做到以上几点，快乐地生活就不是一件遥不可及的事情。

我们成长并有所成就了吗？我们常常说成长比成熟更加重要，英文中也有一句话叫“Don’t grow old; please grow up”，意思是人不应该只是年龄增加，而应该成长起来。一个人的成长是没有止境的。一个人的成长包括了能力的成长、阅历的成长和智慧的成长。在自然界只有人是能够在身体衰退的时候，精神和能力还继续成长的，所以，我们常常说“活到老学到老”。也正是如此，人生才充满乐趣和惊喜，我们总能发现新的领域并且从学习中得到乐趣。善于成长的人总是那种对于生命充满热情和渴望的人，即使在困顿之中，他也知道未来有着各种不可知的机会在等待他。成长的人每天或每年关心的问题不是自己的工资增加了多少，不是别人比自己多了一辆车或者一套房子，而是自己能力和智慧的增加，因为物质的增加并不意味着能力的增加，而和别人比较财富也并不能使自己成长得更快。当然，这并不是意味着成长的人不食人间烟火，而是他们更加懂得如何长久地把精神上的丰富和物质上的丰富结合起来。

成长是一种心态，当我们拥有一种积极向上、充满好奇的探索精神时，我们便拥有了成长的土壤和种子。在成长的过程中，我们需要不断创造成就感来激励自己。成就感并不是奋斗一辈子到了步履蹒跚时才能体会到的感受，也不是像大家想的那样获得了诺贝尔奖或成就了惊天动地的伟业才有成就感。成就感存在于每天的学习、工作和生活中，是我们走向未来的兴奋剂。当熄灯之时我们感到一天有所收获时，我们就会觉得一天没有白过，同时期待明天的来临。一个不期待明天的人一定是没有把今天过好的人。每一天过好了，就能过好一辈子；每一天有所收获，一生就是大的收获。

我能做到让周围的人喜欢我吗？要回答这个问题，先问自己另一个问题："我对周围的人很好吗？""善有善报"决不是一句空话，也不是宗教的信条，而是实实在在对自己有好处的处世哲学。人最终都是为了自己过得更好，但方法错误可能会导致完全相反的结果。有人只要有好处的事情总是先占先得，自以为精明，结果背后失去了无数看不见的机会，日子反倒过得不好；有人明白"与人方便，自己方便"的道理，懂得"只有你过得比我好，我才能过得更好"，结果把日子过得妥帖顺当。人与人的关系是有弹性的，就像一个球一样，你扔出去的是什么球，弹回来的就是什么球，如果你扔出去的球上沾满了污点，弹回来的球就会把你自己弄脏。你如果在班级和宿舍里对同学真诚相待，就得到了一辈子的同学友情和兄弟情谊；你如果在单位对同事真诚相待，就得到了良好的工作环境和同事的尊重。你想成为一个受人欢迎的人吗？那就不要再计较别人的是非，用一颗宽容大度又温暖的心和别人相处吧。同时，对别人好一定要避免即时图报的心态：我今天给你一个苹果，你明天一定要还我一个橘子，否则你就是忘恩负义。这样的期待一定会导致你心态失衡，你会发现世界上大多数人似乎都不懂知恩图报，结果你就对别人失去信心。其实，很多回报是无形的，如果人们觉得你是个好人，在你做事情的时候不设置种种障碍，就已经是对你最好的回报了。想一想，如果生命能够处处朋友，一路畅通，那是一件多么痛快的事情啊。

成长是一种心态，当我们拥有一种积极向上、充满好奇的探索精神时，我们便拥有了成长的土壤和种子。

让新的一年过得更好，我们需要从今天做起。也许幸福并不在天堂里，而是我们今生努力的结果。过好了每一天，就是过好了一辈子。

追赶

有一件事给了我很大的触动。我一直以为过了40岁想要学好滑雪是一件很难的事情。几年前我女儿要学滑雪，没有人陪她到滑雪场去，我只好硬着头皮和我女儿一起学习。小孩学习能力强，身体灵活，所以学得比较快。我不放心她一个人到山上去滑雪，只能扛着滑雪板跟着她，她滑得快我就在后面拼命追，为了追上她我完全忘了害怕，就这样在追赶女儿的过程中，我的滑雪技术不断长进，最后成了半个滑雪行家。后来想想，如果当时不用追赶我女儿，自己一点一点慢慢学，一定会又怕摔跤又怕扭腰，可能到今天也不一定能够学会滑雪。

在生活中，这种在追赶过程中忘掉自己、激发潜能的事情比比皆是。如果两个人一起比赛走路，一定会比一个人走得更远，也走得更快，因为这时候走路本身不再是目标，目标变成了谁走得更远或更快。在学习中，一个人独自学习是一件很辛苦的事情，但是如果能够找到一个追赶的目标，就能够迅速把抽象枯燥的学习具体化成对于一个鲜活对象的追赶。于是，追上那个人就成为了目标，学习本身就不是那么辛苦的一件事情了。在工作中也是一样，如果我们抽象地想把工作做好，常常会感觉不着边际，但如果以追赶工作中的某一个优秀人物作为目标，工作就会轻松很多，而且更加容易做出成绩来。

不管愿意不愿意，我们的生命已经离不开这个词：追赶！我们或者在追赶中向前进，或者在被追赶中往前走。不管是追赶还是被追赶，都是我们不可避免的宿命。

有的时候追赶是一场你死我活的角逐。在动物界，追赶显得更加血腥：羚羊必须全力奔跑以避免自己被狮子吃掉，而狮子也必须拼命追赶以防止自己被饿死。植物界似乎显得要平静很多，树自己长着，草也自己长着；但实际上植物的追赶也是一场你死我活的斗争。任何植物都必须拼命地长高，这样才能够得到更多的雨露阳光。在一片空地上，先有草，高的草把低矮的草消灭掉；然后有树，树把阳光盖住，然后草就长不起来了；最后最高的树把矮的树遮蔽掉，因为高树把阳光雨露都吸收掉了。所以，植物也在互相追赶，赶不上的就会吃亏，付出生命的代价。

不管愿意不愿意，我们的生命已经离不开这个词：追赶！我们或者在追赶中向前进，或者在被追赶中往前走。

人类社会的追赶似乎要更加文明，但其实禁不住细看，细看去比动物植物更加残忍。那些在追赶中跑到前面去的国家，占据了世界上绝大多数的优质资源，而贫困的国家却受尽剥削和欺负；那些在追赶中跑到前面去的人们，占据着世界上绝大多数的财富，而很多被甩在后面的人们只能在贫困、饥饿甚至死亡线上挣扎。

这样看来，追赶也许不是一件好事。如果大家心平气和，一起坐下来平分所拥有的东西该有多好！但如果这一天真的到来，也许是生命更大不幸的开始。因为，生命的起源就来自于追赶，没有追赶就没有进化，也就没有人类的今天。因此可以说没有追赶就没有生命。不管是追赶者还是被追赶者，在生命的意义上都要向对方表示感谢。羚羊应该感谢狮子，如果没有狮子每天的追赶，哪有羚羊奔跑如飞的速度？狮子应该感谢羚羊，如果没有羚羊健步如飞，让狮子每天在捕猎过程中筋疲力尽，哪有狮子草原之王的地位和狮群的团队合作精神？我们身上的每一个进步，某种关键能力的培养，经常都是由于我们追赶对手或者对手对我们的追赶造成的。对于那些把我们追得团团乱转的人，我们也许应该真心表示感谢，正是因为他们让我们不知不觉加快了脚步，穿越了很多本来一辈子都到达不了的地平线。

在美国的自然保护区里，被保护的食草动物由于日子过得太悠闲体质明显下降，各种疾病层出不穷，最后不得不引入一群狼来；在狼群的追逐中，这些食草动物开始变得身体强壮，充满活力。人类的活力也来自于互相的追赶和努力，在这种追赶和努力中，我们不断磨砺自己的意志，锻炼自己的能力，敏锐自己的感觉，增进自己的智慧。当然更重要的是在互相追赶的过程中，不要忘了对那些乏力的人们提供温暖的帮助，让他们和我们共同前进。尽管追赶的力量使人类不断前进，但让人类生生不息走向更美好世界的根本能力却是人类不会忘记弱者的同情心！

学单板滑雪想到的

我五年前开始学习滑雪，用了两年的时间学会了双板滑雪（skiing）。我曾经写过一篇文章，谈自己滑雪的体会，主要讲的是要先学会在雪道上停止，才能随心所欲地滑雪。双板滑雪最重要的技巧是在任何坡度、任何速度上，都要想停就能停下来，否则从山顶上直冲而下，很容易把自己摔得伤筋动骨、半身不遂。

学会双板滑雪后，看到那些滑单板滑雪（snowboarding）的人，动作优美，腾挪跳跃，极其潇洒之能事，于是心生羡慕，自己也想学习单板滑雪。当时有朋友告诉我，单板滑雪的危险性是双板的很多倍，很多人都因为学习单板被摔得终生瘫痪。单板基本上都是小年轻玩的游戏，他们身轻骨软，动作灵活，所以比较容易学会，很少有人在40岁之后还学习单板。但我天生具备挑战的个性，越是有挑战性的事情就越能够让我兴奋，而且在我的朋友中有40岁之后学会单板滑雪的先例，于是我决定练习单板滑雪，直到学会为止。三个冬天过去了，我现在终于能够轻松自如地运用单板，在雪地上滑行如飞了。

很多人都以为会了双板，单板就容易学，其实不然。单板和双板有很大的区别，穿上双板两只脚依然可以随意收缩，在一般的坡度上只要两只脚向外撑就能够停下来，当然如果速度太快停不下来就容易把韧带拉伤。因此，滑双板最重要的是学会侧身停下，这样双腿就不容易被撕伤。而学习单板时，两只脚就被固定在板上，双脚分不开，韧带不会被拉伤，但如果摔跤，颈骨、腰部和膝盖三个地方就很容易受伤，有时候后果会非常严重。有一次我的膝盖被严重扭伤，结果在床上躺了半个月才爬起来。另外，双板主要靠掌握前后平衡，我们日常生活中更多地运用前后平衡，所以比较容易掌握；而单板要学会掌握横向左右的平衡，因而难度很大，也很容易失去平衡摔跤。不过，学会滑单板后，比滑双板更有乐趣，因为动作更优美，腾挪旋转更灵活，心情也就更加舒畅。

我总结了一下学习单板的几个要诀。“慢慢来”是学习单板的第一要诀。单板滑雪不是一下子能够学会的，它必须由一系列潇洒自如的连贯动作结合起来，并且在向下滑行加速运动的过程中完成，这中间要学会前后左右的各种平衡，通过变换重心控制速度，在失控的时候有技巧地摔跤，这需要有足够的时间和耐心反复练习。我先找了一个缓坡，这样不至于控制不住速度，接着就反复练习如何前后左右旋转平衡。最开始我深受挫折，因为身体十分不听话，我要向左它常常会向右，经过千百次练习，身体的各个部位才一点点协调起来，直到最后能够完全不加思考地完成一系列动作，身心和谐配合，运用自如，才算是有了滑单板的基本功。等到动作协调起来之后，我再找了一个难度更大的坡，在更快的速度下反复练习使自己更加熟练。在这个过程中，真是深切体会到了千万遍重复的苦恼，也品味了经过不断重复达到熟练后的快乐。我继而联想到英语学习的过程，正和学习单板有着异曲同工之妙——反复练习直到熟能生巧，这不正是英语学习的奥妙所在吗？

凡是那些不怕失败不怕困难、越摔越不买账的人，都是最后比较容易取得成功的人。

“不怕摔”是学习单板的第二要诀。学习单板和双板最大的区别是双板可以站在雪道上，而单板是站不住的，要不就是坐下去，要不就是摔下去。对于初学者来说，想要自如地停下来坐下去是很难做到的，通常都是摔下去。我的朋友说如果不摔倒三百次，是学不会单板的。我稍微计算了一下，从我开始学单板到学会，大概已经摔了四百多次。单板摔跤，最怕的是板刃突然直接切入雪地之中，这时下半身会突然停下，而上半身还在惯性地向前冲，这样就会没头没脑地摔下去。因此，学习单板最重要的就是学会用板刃滑行但却不会切入雪地中，而这又和全身的平衡能力直接相关，不经过长时间训练绝对达不到。在摔跤中学习就成了学习单板的典型状态。凡是怕摔跤的人，一般都很难学会单板滑雪。这也和我们生活中的其他情况相同。凡是那些不怕失败不怕困难、越摔越不买账的人，都是最后比较容易取得成功的人。就像单板滑雪一样，最后展示出来的优美动作，都是以千百次不雅观的摔跤为前提的。

“不放弃”是学习单板的第三要诀。不管怎么摔跤都不放弃是学会单板滑雪的核心。当你站起来就摔下去，一次次看不到自己的长进；当你看到别人优美地从你身边滑过，而你却四脚朝天翻滚下山时；当你扭伤了身体疼痛难忍，躺在床上不能动弹时，你满脑子都是不能再学不想再学的绝望。但当你站在雪山脚下，你心中立刻就会产生一种不能放弃的感觉。难道你能够轻而易举就承认自己是个失败者吗？于是你又一次鼓起勇气扛着雪板上山。但要命的是你刚刚开始有点感觉，冬天就结束了，于是你只能等待下一个冬天来临。等到下一个冬天真的来了，你去年学会的那点东西已经全部忘记，于是只能一切从头再来。第二年冬天我上百次地摔跤，还是没有一点学会的希望。第三年冬天来临了，我开始放弃单板回到双板上，但内心的不服气越来越强烈，最后又扛着单板上了山。等到第三个冬天快结束的时候，我终于发现自己能够驾驭单板在雪道上滑行，体会到了在雪地上腾挪自如、迎风飞舞的感觉。那一刻，那种感觉是如此的纯粹和让人陶醉。

刚开始学单板的时候，两只脚被固定在板上，我发现自己完全失去了自由，脚不能随便动，一站起来就滑倒，滑倒了就很难爬起来，刚爬起来又是一个狗吃屎摔倒，觉得自己真是没事找事地受罪。但看到边上那些会滑单板的人，在板上轻松舞动，自由自在，飞速滑行，好像单板变成了他们身体的一部分，心里又生出无限羡慕。我下定决心要体会那种人板合一的感觉，在三年的练习之后，我终于可以轻松自如地在单板上滑雪，真切地体会到了单板滑雪的乐趣，也懂得了即使双脚被固定起来，也能够利用脚和板的紧密合作，加上全身的配合，滑出优美的弧线和转出迷人的身姿。我发现，真正的自由并不是没有限制的自由，真正的自由即使在限制之中也能够跳出最优美的舞蹈。

诗意的生活

诗几乎可以表达人类生活的所有情感，情深而成文字即为诗。人类永远离不开诗，也从来没有离开过诗。在汶川地震的时候，人们最深刻的情感都是用诗歌表达出来的；日常生活中我们每天哼唱的流行歌曲其实都是诗。诗歌让我们感动，让我们流泪，让我们升华。每一个人心中都为诗留着一片圣地，只不过随着岁月的流逝，琐碎的生活用厚厚的尘埃把人们心中的这块圣地封闭了起来，让人们变得日渐迟钝。我们为了名誉和地位而勾心斗角，我们为了权力和利益而蝇营狗苟，我们忘了生活中还有诗歌存在。但在我们心中，诗歌这片圣地永远不会消失，只要一有机会，就像花树遇春风一样，一瞬间就能够开放出灿烂的花朵。当然，这并不意味着我们每一个人都会写诗，或者一定要用诗歌这种特定的文字来表达自己的情感。人只要心中产生了诗意就达到了诗的境界，人生活的最高境界就是诗意的生活。诗意的生活是一种感觉，是一种把现实生活中琐碎的情感升华为美好情感的过程。只要我们愿意，诗意总是可以找到的。背诵唐诗、浅唱宋词是一种诗意；抬头望月低头听风是一种诗意；市井喧嚣、家长里短也是一种诗意。

什么是诗意的生活呢？在学校里，除了每天在教室里听课在图书馆看书之外，除了匆匆穿行于宿舍食堂教室三点一线之外，你也有过躺在草坪上看白云飘过的时候，也有过一个人静静地坐在池塘边发呆的时候，也有过在黑夜里被教室的灯光所感动的时候，也有过在春天看枯草泛绿在秋天听秋风扫落叶的时候，也有过斜靠在床上就着昏暗的床头灯捧着自己心爱的书舍不得放下的时候。如果你经历过这些，那你已经有了诗意的生活。在工作中，除了天天伏案工作面对电脑之外，除了朝九晚五拥挤奔波忙碌之外，你也曾有过在自己的办公桌上放上一盆绿色植物并小心养护，也曾有过抬头看见夕阳正慢慢下到山的那一边，也曾有过轻轻哼唱自己最喜欢的流行歌曲放松心情，也曾有过喝上一杯咖啡让自己的想象随咖啡的芳香一起飘飞。如果你有过这些感觉，那你也已经有了诗意的生活。

诗意的生活不是故意去寻找的，不是摆脱了一切世俗事务去浪迹天涯，而是这样一种能力——身处琐碎的事务却不被日常事务所淹没，总能在不经意间抬头看一看天空，想一想远方，做一做白日梦。很多人陷入世俗事务的纠葛中，就像一个不会游泳的人跳进水中一样，除了痛苦的挣扎和绝望什么都没有。而诗意的生活就像一个会游泳的人，在水中能够悠然自得，既能够和水相融，也能够体会到搏击大海、劈波斩浪的快感。那些懂得生活的人总能够从平凡的日子中找到美好，找到让自己心灵获得营养的诗意瞬间。不信？你暂时放下手中枯燥的教科书或繁琐的工作，轻轻闭上眼睛，侧耳听一下，也许微风正从窗外吹过，而所有的植物都在微风中浅唱低吟。

你暂时放下手中枯燥的教科书或繁琐的工作，轻轻闭上眼睛，侧耳听一下，也许微风正从窗外吹过，而所有的植物都在微风中浅唱低吟。

诗意的生活也意味着要为我们留出一些空白，空白的时间和空间，使我们的想象力和情感有足够的时空存放。就像一幅画得太满的画不会给观赏者留下想象的空间，一种充塞着各种世俗事务的生活也不会给主人留下太多的诗意空间。我们的生活需要留白的空间和时间才能过得更加从容，才能释放种种压力达到内心的安宁，而只有内心安宁的人才会拥有欣赏美好事物的眼睛，才能进入诗意的生活状态。上帝在一开始创造世界的时候就已经是工作六天休息一天，现在我们已经做到了工作五天休息两天，表面上比上帝还进步了。其实不然，我们常常用这两天的时间更加拼命学习或工作，拼命联络别人构建所谓的社会关系，往往疲惫之感比工作五天还甚。还记得小时候我很喜欢星期天，因为一到星期天我们就可以在原野上奔跑，去追逐蝴蝶也追逐自己的生命。而现在的孩子害怕周末，因为周末一到，家长安排的无数课外学习和补习在等着孩子们，让孩子们更加没有时间去品味生命。很少有家长带着孩子一起到原野上奔跑，一起去

认识一下每天吃的农作物在地里是什么样子，一起晚上躺在没有城市灯光的地方数数天上的星星。孩子从小的生活就没有了诗意，长大了除了成为工作狂或厌世者，很难成为快乐地行走并且给世界带来快乐的人，很难成为一个有诗意的从容生活的人。

因此，请从这一刻开始暂时放下手中的学习和工作，关掉电脑和手机，闭上眼睛调整呼吸，把脑子里令人烦恼的世俗事务驱逐出去，然后再睁开眼看一眼窗外的天空，想象一下城市之外的大地，那里鲜花正在盛开，河水正在奔流，百鸟正在歌唱，那里的每一株草每一棵树都在等待着你，等你去寻找诗意的生活——

没有什么能够阻挡

你对自由的向往

天马行空的生涯

你的心了无牵挂

……

花儿在不同的季节开放

大自然的美丽在于有春夏秋冬，不同的季节造成了不同的风景，而风景的不同又使我们的心境各异，从而使生活多彩多姿。春夏秋冬之所以美丽，是因为每个季节都有不同的植物代表了季节独特的个性，而最能够代表季节个性的就是不同的花儿在不同的季节开放。我们几乎每一个人都喜欢花儿，因为花儿代表了美丽、高雅和生命的灿烂。但如果所有的花儿只在一个季节开放，比如都在春天开放，而其他季节都不是花的季节，这个世界一定会显得单调枯燥，并且让人们没有了对美的期待。试想一下，夏天、秋天和冬天没有自己的花儿开放，那将会失去多少美好的诗意啊。设想梅花和桃花去凑热闹，一起开在春天，王安石还能写出“墙角数枝梅，凌寒独自开。遥知不是雪，为有暗香来”这么有风骨的诗句吗？我们徜徉在春天的鲜花丛中自然感到愉悦，但我们是不是同时也觉得这么多花争相斗艳（迎春花、杏花、桃花、梨花、玉兰花等等），显得太热闹繁杂了一些？而且，春天的大部分花，芳香和颜色由于互相争艳总是显得有点平庸。和春天的花相比，我更怀念八月的时候满塘的荷花，那亭亭玉立的花朵，碧色连天的荷叶和空气中的清香；我也怀念秋天原野上一望无尽的野菊花，那种漫天遍野傲霜开放的姿态；我还怀念冬天的腊梅花。有一年冬天在南京，天降大雪，我去玄武湖散步，看到腊梅迎雪盛开，暗香浮动，让我感到这是生命真正独特而又动人的展示。我常常遗憾人类发明了常年什么花都能栽培的方法和技术，因为花儿只有开放在自然中和属于自己的季节里才会迷人，而我们等待鲜花开放的心情其实比看到花儿的开放还更加重要。等待着花儿在某一个季节开放，就像我们等待自己的生命走向成熟一样，那是怎样的一种激动和期待啊，因为我们知道，只要是属于那个季节的花儿，到了那个季节必然会美丽地绽放。

人生之所以可贵在于我们不同的阶段总会有不同的成长和领悟。

我们的生命和四季的花儿一样，在不同的阶段有着不同阶段的美丽：童年的纯真，少年的遐想，青年的冲动，中年的成熟，老年的智慧，都是人生不同阶段的美丽。假如我们一出生就像老年人一样洞察世事老于世故，这一辈子就没了期待；如果反过来我们一辈子都像毛头小伙一样懵懂世事青涩简单，这一辈子也就没有了进步和精彩。人生之所以可贵，在于我们在不同的阶段总会有不同的成长和领悟。我最怕的就是一辈子没有变化或者所有的精彩一次释放完毕。没有变化意味着停滞不前，也意味着蒙昧无知；所有的精彩一次释放完毕意味着生命就像夜空中的礼花，尽管精彩得炫目但一瞬间就归于黑暗。我们看到很多年轻时就成名的电影明星或歌星，像夜空的流星一样，闪耀登场，瞬间消失，总觉得有点遗憾。现在的很多青年人急于求成，看到别人年轻时成功了就很着急，寻找各种方法取得所谓的成功，甚至不惜在网络上自暴隐私；还有很多大学生刚进大学就想创业赚钱，把通过读书积累自己一辈子底蕴这样重要的事情甩到脑后。这些人都陷入了误区，认为一时的成功就等于一世的成功。其实人生就像花儿一样，有的人在春天就开放出了美丽的人生之花，有的人要等到夏天、秋天和冬天才开放出绚烂的人生之花。我们的人生并不会因为花季晚到就不精彩，也许反而会更加精彩，因为我们有更多的期待并付出了更多的努力。是的，我们要做的就是努力进取，期待未来。我们可以学学夏天的荷花、秋天的菊花和冬天的梅花，也许越晚开越香，越晚开花期越长呢。肯德基的创始人山德士50岁才开始经营一家小小的快餐店，最后做成了世界上最大的餐饮连锁店；姜太公80岁的时候还在渭河上钓鱼，最后终于得到周文王的重用，一起创建了周朝八百年的天下；齐白石到90岁艺术创作才达到了顶峰。花有自己的季节，人有自己的时刻。英文中有一句谚语叫做“Every dog has its day”，每条狗都有自己的得意日子，何况我们人呢。让我们过一种从容的人生，在努力进取中期待生命鲜花怒放的时刻。

花儿一般只开放一次，完成灿烂的生命后，化作春泥再护花，守护后一代生命再次绽放出灿烂的花朵。人可以比花儿做得更好，通过我们持续不断地努力，我们可以让生命持续不断开放出灿烂之花。苏轼既是伟大的诗人，也是伟大的书法家，又是一个很成功的政治家；康熙皇帝既是伟大的统治者，又是伟大的军事家，而且精通汉满蒙三种文字，有很好的高等数学和天文学知识；爱因斯坦三岁多还不会讲话，直到九岁时讲话还不很通畅，每一句话都必须经过吃力的思考才能讲出来。在念小学和中学时，爱因斯坦由于举止缓慢，不爱同人交往，老师和同学都不喜欢他。教他希腊文和拉丁文的老师对他很厌恶，曾经公开说：“爱因斯坦，你长大后肯定不会成器。”但爱因斯坦最后成了为人类作出杰出贡献的科学家，而且还是相当不错的一位小提琴家。所以，只要我们不断努力，生命的花季就可以很长，而且可以绽放出不同的美丽花儿。很多人不成功是没有给自己足够的时间和耐心去努力，很多人一生只成功了一次就像流星一样消失，他们都没有懂得成功是一种持续不断努力的过程。当我们懂得人生每个阶段通过努力都能够精彩时，也许我们的少年就会像春天的桃花一样绚烂，青年就会像夏天的荷花一样清香，中年就会像秋天的菊花一样坚忍，老年就会像冬天的梅花一样昂扬。

“被”字走红

从2009年开始，“被”字十分走红。大学生在没有就业的情况下被大学帮助签合同，成了“被就业”；城镇在岗职工在收入没有明显增长的情况下统计部门给出了高增长数据，成了“被增长”；江苏某地在农民还没有达到小康的状态下地方政府要求农民按照设计好的问题回答，成了“被小康”；还有“被失踪”“被自杀”等。这些“被”后面都包含了一个信息：中国的一些政府机构弄虚作假已经变成了一种习惯，而在这种习惯的背后是人们的无奈和气愤，以及在无奈和气愤之后的中国式的苦笑和调侃。

其实在教育领域中，我们还有更多的“被”的情况。无数的中小学生都是在“被学习”。学习本来应该是一件充满乐趣的事情，因为好奇心是人类的本性之一，而学习就是为了满足孩子们的好奇心，不断激发他们的想象力，让他们快乐地在知识的海洋里畅游。但中国的孩子们学习，不再以学习本身为乐趣，而是以分数和升学为目标，结果一场欢乐的学习盛宴变成了一场旷日持久、苦不堪言的挣扎。我们如果调查一下有多少孩子是主动学习并且在学习中得到乐趣的，肯定的回答会少得可怜。我们用让孩子成长的名义消灭了孩子们快乐的童年和少年，给他们留下的是一连串的分数以及分数背后的痛苦和耻辱。

老师们本身也苦不堪言。尽管很多老师都希望能够轻松灵活地教育自己的学生，带着学生到阳光下走走，看一看鲜活的动物和植物，而不是让分数像紧箍咒一样套在学生的头上，可是老师们也没有办法。如果学生考试的分数不好，老师的饭碗就丢了，而且一起丢的还有老师的面子。于是老师们不得不“被教学”，按照以后学生能否通过考试来教学，本来和蔼可亲的老师们一下子变成了凶神恶煞，让孩子们看到了浑身发抖，似乎总是要低头认罪才是唯一的出路。只有当学生分数达到预期，奖金到手时，老师才会露出一丝笑容。本来学校的教室应该是最人性化的地方，是老师愉快地传道授业、学生如沐春风的地方，现在却成为了老师的训斥台、学生的审判所。学生不愿意，老师也不愿意，但最后老师与学生之间的矛盾愈演愈烈。

每一个家长都希望孩子快乐成长，可是很少有家长能够让孩子真正快乐地成长，因为真正的快乐成长必须以放弃现在的教育方式为前提。没有多少家长敢这么做，因为这么做的后果会很严重。如果不想参与学校的竞争，就意味着孩子干脆不需要迈进上学的大门。如果去上学参与竞争，一旦孩子的名次落后，孩子的自尊心就会受到很大的伤害。即使孩子学会了脸皮厚，不和别人比成绩，根据自己的爱好学习自得其乐，老师也不一定放得过你，因为你某些科目没有学好会影响老师的前途。就算老师把你放过去了，中国的高考制度也不一定放得过你。即使你在某个方面是天才，如果高考分数没有达到标准，你也别想进任何一所大学。如果进不了大学，社会也许就会为难你，让你找不到工作。当家长想到这一连串的因果，一定不寒而栗。算了吧，还是让孩子苦一点吧，他们自我安慰说“吃得苦中苦，方为人上人”。就这样，家长也完成了“被家长”的转换，根据社会的需要来决定自己当家长的角色。

最后，当学生考上了大学后，还要再一次经历“被专业”的过程。很多大学生选择专业，不是根据自己的意愿和爱好。中国的孩子从小学到中学只顾埋头学习指定的东西，从来就没有弄懂自己真正喜欢什么和自己真正的才能在哪里，结果很多学生都由父母帮助选择专业。父母选择专业一般都很实际，标准就是未来能否找到工作，工资是否很高，有没有社会地位，很少顾及孩子的个性和爱好。还有的大学乱点鸳鸯谱，给学生分配什么专业就是什么专业，结果很多学生四年的大学生活，都在对于专业的痛恨中度过，白白度过四年无比珍贵的时光，在专业领域一事无成。

看上去这是一场谁都不会赢的战争，不管是学生、老师、家长，还是社会，可是好像谁都没有能力改变这一切。可能每一个人都在问，中国的教育怎么办？我们的出路在哪里？其实，答案很简单，但做起来很难——让我们努力把“被”字去掉。少一些“被”字，就会多一些主动，让孩子们主动快乐地学习知识，让老师们主动开心地教导学生，让家长们主动积极地培养孩子，让学生们主动自愿地选择专业，这样我们的教育就会多一些轻松和创造，少一些沉重和叹息。也许这并不是我们一天就能够做到的，但至少我们应该有从今天开始做起的强烈愿望。

克服内心深处的自卑

我小时候并不知道自卑是什么感受。从小在农村长大，在广阔天地里，从自然环境到社会环境都不存在让人产生自卑的土壤。从自然环境来说，所有的孩子都共同享受着田园风光和玩泥巴的乐趣，大家一起玩一起脏一起洗。从社会环境来说，尽管当时国家有地富反坏右和贫下中农的对照，但我们村上恰好一个地富反坏右都没有，因而大家的社会地位都是平等的。反正大家都很穷，你家茅屋我家也是茅屋，不存在贫富差距，孩子之间除了比高矮，没有什么别的可比。那个时候学校也不太注重学生学习，大家不攀比成绩，即使全班最后一名也不会受到同学的嘲笑和老师的批判。倒是三天两头到地里比赛干活，但干农活对于每个孩子来说都是好手，即使输了也没有什么丢面子的。所以，到高中毕业，我也没有尝到自卑到底是什么味道。

不知道祖宗到底积了什么德，我一个跟斗跌到了青云里，三年高考后考上了北大。我兴高采烈千里迢迢到了北大，以为什么好事在等着我，结果进了北大，才知道掉进冰窟窿是什么感觉。北大是龙争虎斗之地，人人自诩天才的地方，我进去才发现自己走错了地方。一个农村小土鳖，进了龙宫的感觉，你想那日子会好过吗？我终于尝到了深度自卑的苦涩，而这一滋味差点让我命归黄泉。刚进北大我就发现自己普通话不行，别人讲话我能听懂，我讲话别人听不懂，听不懂也就算了，还有同学模仿嘲笑，我最后就只能闭嘴不说。紧接着发现自己的农村身份和其他同学形成强烈对照，尽管当时还没有现在这样的贫富悬殊，但身份的对照已经非常强烈。我同学中有部长的儿子有教授的女儿，大部分都是城市人，带有城市人见多识广的优越感，而我身上穿着打补丁的衣服，脚上穿着农村的土布鞋。这种强烈对照所带来的自惭形秽估计是现在从边远地区来大都市上学的农村孩子也能够感觉到的。而让人感到绝望的是不管自己多么努力，成绩总是赶不上别的同学。眼看别的同学轻松参加各种学校活动，组织诗社或竞选，男女同学之间还你来我往谈谈恋爱，看不出他们认真学习，怎么一到期末考试就考到我前面去了。当然，像我这样的人，要得到女同学的青睐那是太阳从西边出来的事情，只能在水房里偷偷拥抱自己。自卑感在我的心中茁壮成长，把同学的每一句话每一个眼神都注入了本来并不存在的意义，心灵变得如此敏感和脆弱，以至于时时怀疑自身存在的价值。到大学三年级我那脆弱的身体和神经同时崩溃，终于以严重肺结核病被送进北京郊区一个偏僻的传染病医院。

生命的长河向前流动，在各种痛苦、打击和自卑之后如果我们能够脱颖而出，那我们就有了大河奔流的气概和壮阔的风景。

一年后我从医院出来有了死后余生的感觉，回到北大过着麻木的生活，接受了成绩永远不会好的现实，也接受了不会被女生青睐的现实。由于病休一年远离了同学的竞争，使我反而有了一点自由呼吸的空间，而正是这一空间使我起死回生，孤独而与世无争地度过大学的最后两年时光，最后以刚刚及格的成绩默默无闻从北大毕业。后来常常有学生问我是不是因为成绩优秀留在北大当老师，我只能笑着告诉他们，不是因为成绩优秀，而是当年中国大学开始失去理智，要求所有大学生学两年英语，结果导致所有大学英语老师紧缺，只要是英语本科毕业的都有资格留下来当老师。

正是因为老师这一职业，把我从自卑感中拯救了出来。大家都毕业了，因此不用再面对面和同学比成绩。其次，大家都刚开始工作，工资和社会地位的差距还没有被拉大。同时，北大的环境相对宽松，只要每个星期上完八小时的课，其他时间就可以躲进小楼自成一统。没有想到的是，随着上课经验的丰富，我发现自己尽管大学四年在公开场合没有讲过几句话，但上课居然能够用不靠谱的中英文把下面的学生给糊弄住，真可谓东边日出西边雨，学生当不好，当成了好老师。随着年龄的增加，对于自己的看法日趋稳定，尽管离优秀人士还有很大的差距，但自己不把自己当人看大可不必，让自己慢慢成长是最重要的。后来，离开北大成立了新东方，厚着脸皮去马路上贴广告，去教育局公安局求爹爹告奶奶，终于把自己从内心到外表都磨成了犀牛皮一般的坚韧。

我曾经说过一句话：没有经历过深刻自卑的自信是虚假的自信。也许有些人天生优越，他们长相出众，家庭背景好，成绩又很出色，处处受人追捧，但这并不意味着我们一辈子永远处于劣势。生命的长河向前流动，在各种痛苦、打击和自卑之后如果我们能够脱颖而出，那我们就有了大河奔流的气概和壮阔的风景。我也终于发现，一个人的成长有两个条件：一是要给予足够的时间，没有任何人会在一天之内成长起来，就像一棵树一样，要十年过去才会发现长成了参天大树；另一个条件就是生命的热情永不熄灭，不管你是多么卑微，内心的种子一定要向往天空，要尽力伸展自己的枝叶去触摸蓝天，去追逐天空的云彩。有了向上的心，一定就会有灿烂的果实。

贰

行踪

梦想之旅，每一年都要走；梦想之旅，每一年都在走。从2005年新东方『梦想之旅』开始以来，我们已经走了上百个城市，近百万学生聆听了新东方激情四射的演讲。也许我们走过的城市早已把我们遗忘，也许我们的声音早已随风飘散，但我们走过的每一个城市和每一条道路，我们进入的每一个学校和每一座礼堂，我们度过的每一个日日夜夜，都变成了我们刻骨铭心的记忆，同时也变成了我们生命不可缺少的营养。几年来，新东方人养成了一种走在路上的激情和渴望。每当春风吹起，柳树开始冒出新芽的时候，我们的心也同时从冬眠中醒来，

我们知道要上路了。为什么要上路呢？谁也说不清楚，也没必要说清楚，那是一种难以压制的强烈渴望而已。其实，当我们面对成千上万的学生，也并没有什么清晰的想法要给学生灌输什么样的理念和强加什么样的思想，我们只是把自己走在路上的渴望和梦想传递给学生。

哈佛一日

5月7日，我中断在温哥华的度假，飞往波士顿。5月8日，哈佛商学院MBA班全体一年级九百多个学生，将要讨论新东方的教学案例。应商学院教授Paul Gompers的邀请，我将到课堂出席案例的讨论课。Paul Gompers是新东方案例的作者，同时也是哈佛商学院的案例教授。

初抵哈佛

由于没有从温哥华直飞波士顿的飞机，我需要从芝加哥转机才能去波士顿。中午11点在温哥华登机后，飞行员突然通知我们飞机不能准时起飞，原因是飞机的卫生间自动清理系统坏了，要人工清理，需要一个小时。我两次航班之间转机的时间就只有一个小时，如果飞机晚起飞一个小时，我就赶不上下一个航班，当天就可能到不了波士顿，那第二天的案例分析课就会泡汤，心里不免开始着急起来。飞机一个小时后起飞，服务员过来告诉我，航班衔接可能已经不行了。我只能开玩笑说，希望那架飞机也晚点起飞。服务员耸了耸肩膀说：I hope so。到达芝加哥时，晚上6点整，按计划那架飞机应该已经起飞，结果我到机场信息栏中一查，发现那架飞机真的晚点半小时起飞，我心里狂喜，飞奔到登机门口，最后一个冲上飞机。坐下后心中不断感激老天对我的眷顾。

晚上10点多到达波士顿。由于波士顿旅馆房间紧张，而且房价昂贵，我们最后干脆联系了Bed & Breakfast，也就是美国的家庭旅店。这家旅店的名称叫A

Massachusetts House Inn，在麻省大道2218号。实际上哈佛大学的所在地并不在波士顿，而是在一个叫做Cambridge的小镇上，翻译过来叫剑桥镇，和英国剑桥大学的名称一模一样。后来城市发展，波士顿和剑桥镇连为一体，就有了哈佛大学在波士顿的感觉。新东方高级副总陈向东和企业发展副总Joseph Kauffman也来参加这一活动，已经先期到达波士顿，在旅店等我。陈向东2005年曾经在哈佛商学院学习两个月，而Joe就是哈佛商学院2006届的学员，毕业后来到新东方工作，他们对哈佛都很熟悉。我走出机场，突然发现张杨正在出口处等我。张杨原来是北京新东方学校的老师，现在正在哈佛读教育学。我并没有告诉他什么航班到波士顿，他在Joe那里听说了我的航班，特意到机场来接我。

到达旅店已经11点，见到了陈向东和Joe。我饿得厉害，原来一路上由于紧赶飞机，居然没有吃饭，也没有觉得饿。美国飞机上不提供用餐，要用餐通常要自

己掏5美元买一份。安置好房间后，我们一起打的到了哈佛广场的一家叫香港的饭店，一边用餐一边讨论明天案例的议程，12点半回到旅店休息。我上网处理了一些工作上的Email，又看了一会美国专门播放各种国会辩论的C-SPAN电视。由于时差关系，以及心里对明天的案例分析有点不踏实，结果我几乎整夜失眠。

早上7点，阳光从窗户里钻进来，洒满一地。我努力克服睡眠不足带来的烦躁，冲完淋浴后到楼下去用早餐。陈向东和Joe已经在餐厅，我喝了两杯咖啡，和Joe讨论要不要穿西装，Joe说可以随意，但既然他们两人都穿了西装，我最好也穿西装。于是我又回房间换上西装，一起出发到哈佛商学院。商学院8点半开始上课，我们需要8点钟到达，和上课的教授们提前讨论，并回答他们的一些问题。

热闹的课堂

7点50分我们到达查尔斯河边上的商学院。商学院的建筑红砖白窗，明快庄重，据Joe说这些楼房大部分都是校友捐款修建。各建筑间是大块的草坪和高大的树木，在阳光下显出无边无际的绿色，已经有学生坐在草坪上晨读，恍若世外桃源的感觉。我们到达商学院的企业家研究中心办公室，见到了Paul教授和他的同事，寒暄后回答了他们就案例提出的一些问题。

8点半我们准时走进教室。哈佛商学院MBA的学生总共学习两年，每一届九百人左右，分成十个班，每个班九十人左右。第一年每个班都有自己的固定教室，每个学生都有自己的固定座位，每个座位上都有自己大大的姓名牌，使教授能够轻松地叫出学生的名字来回答问题，也便于刚开始时同学们互相认识。每个班都有自己的名称，如2008 Section F班等，班与班之间形成强烈的既合作又竞争的关系，只要是自己班内的同学提问题，不管对错都拼命鼓掌支持。到二年级各个班级便开始打散，学生开始根据自己的兴趣选择自己想听的课程。新东方的案例教学主要针对一年级的学生，分成两批讨论，第一批学生早上8点半到10点，第二批学生早上10点半到12点。

我走进教室的第一个感觉是教室气氛异常活跃。商学院的学生可以带自己的亲朋好友旁听课程，当老师问到今天有没有同学带人来听课时，有一个学生介绍了自己的父母，结果全班同学站起来又鼓掌又拍桌子，以示欢迎。当老师介绍到我，说我就是大家阅读的新东方案例中的主角时，学生们又是站起来又鼓掌又拍桌子。

本次案例讨论分成三个步骤。首先是一个小时的老师和学生互动，讨论案例并互相辩论自己的观点；紧接着是我进行20分钟左右的陈述，讲述新东方的历史和未来战略；最后10～20分钟则是我和学生进行问答交流。我们在一个教室里和学生面对面互动，其他教室的学生通过视频和我们互动。

案例讨论随即开始，学生讨论问题时的热烈，是我在中国课堂几乎从来没有看到过的。教授每问一个问题，几乎每个学生都高高地举起自己的手，其实我发现不少学生对于问题的理解并不深刻，有时候甚至有误解，但学生们就是兴高采烈地发言，几乎根本就不在心里犯嘀咕，先衡量一下自己是否讲得正确或者别人会对自己有什么看法。于是，整个教室都充满了一种乐观、向上的气氛。在新东方案例中，学生辩论的主题是新东方成功的原因以及新东方未来的发展战略。在学生的互相辩论中，教授不断把学生的观点写下来，教室里有六块可以上下转动的大黑板，一个小时之后，黑板上已经被全部写满，内容几乎涉及管理学的各个方面，从市场营销到消费关系到企业家精神等，可以看出商学院的学生在理论知识上非常丰富，但也能够感到他们在对现实情况的深入理解上缺乏经验的支撑。在九百来个学生中，有十几个人来自中国大陆，他们几乎都曾经在新东方接受过培训，每次他们发言都会先说一下："俞老师，我是你的学生。"每次全班同学都会热烈鼓掌，使得新东方这个案例课显得异常热闹。

我的发言以幽默调侃开始。商学院的学生都穿着休闲装来上课，每个班都有自己的T-Shirt，大部分学生都穿着印有本班标志的T-Shirt。我们西装革履的显得很扎眼。我说，非常抱歉我今天穿了西装，显得和大家不一样，但我实际上喜欢穿便装，只不过Joe告诉我，让我穿西装，来表示对大家的尊敬，于是我就穿西装来了。我说，你们来到哈佛商学院上学并不一定就等于成功，要毕业后找到一个好老板得到一份好工资才算成功，比如Joe找到了我这样的老板就算成功了。学生们就大笑。我又说一个人长得高大好看，英语讲得好并不一定管用，比如Joe长得这么好看英语那么好，我长得这么难看英语那么差，但是我还是他的老板。学生们哄堂大笑。气氛一下子变得特别热烈。紧接着我陈述了新东方的发展历史和未来的发展战略。

讲完后学生开始提问，有一个学生问了一个很长的问题，我还没有回答他又问了另外一个问题，我就故意说对不起，我已经把你前面的那个问题忘了，结果全班同学又大笑。当有学生问我，原来想到美国来读书没有钱，现在有了钱还愿不愿意到哈佛来读书时，我说我还是很愿意的，但是想一想，觉得读书太麻烦了，既然已经有钱了，我不如买一个哈佛文凭算了，结果学生们笑弯了腰。

下课后，很多学生走过来和我说他们已经很久没有这么愉快地和企业领导进行交流了，没想到中国的企业领导也这么幽默，让他们很开心。而让我吃惊的是，居然很多学生都会简单的中文。

愉快的午餐

中午我们和哈佛商学院的四个教授在教师俱乐部共进午餐。穿过校园时，发现很多警察和便衣，一打听才知道是尼日利亚的副总统（Vice-president）来访问。我开玩笑说，Vice-president来访问这么重视，我这个President（总裁）来，美国政府却不在乎，显得不公平。Paul教授笑着说，九百个学生和你在一起，没有比这个更重视的了。

午餐时，我们又进一步探讨了新东方案例，希望能够进一步完善，为下一届学生所用。我开玩笑说，希望明年新东方的案例不会变成讨论为什么失败的案例进入哈佛课堂，同时又说就算失败了，我也会来谈失败的体会。大家欢声笑语结束了午餐。

演讲与晚餐

下午3点钟是Harvard Asia Club组织的一场公开演讲。很多中国学生来到了演讲现场，他们不仅仅来自哈佛，还有来自麻省理工学院和波士顿大学的。几乎所有的中国学生都参加过新东方培训班。由于还有一些外国学生也来听演讲，所以我只能用英文演讲。演讲内容主要是新东方的上市过程以及自己的体会。Joe同时讲了他在中国工作的体会。最后我们共同回答了学生的问题。

演讲结束后，很多学生上来合影，互留地址。有几个学生希望能够请我们吃晚饭。由于我已经提前安排了要请在这里学习的新东方老师吃晚饭，就告诉学生们，如果他们想一起晚餐，可以来参加我的晚餐聚会。我给了四个名额，最后决定了四个来参加的学生。

在耶鲁大学学习的原北京新东方老师马征和上海新东方老师曹蕴，听说我来到哈佛，专程从耶鲁开车来到哈佛，马征还带上了来参加他的毕业典礼的父母，曹蕴带上了她的老公，在耶鲁大学读博士的沈国麟。结果晚餐人数遽然增加，加上我、向东、张杨、Joe和他的女朋友，还有四个学生（在哈佛商学院学习的Yang Ling等），从预订的八个座位，一下增加到了14个。我们选择了哈佛大学边上的一家叫做Legal Sea Food的餐厅，是当地一个很有名的海鲜餐厅，生意很好。我们和服务员协调了半天，才拼凑出一个14人的吃饭空间。

大家喝酒聊天，回忆在新东方的时光，展望每个人可能的未来，越来越兴奋，结果喝了八瓶白葡萄酒。我为大家点了牡蛎、龙虾等鲜美食品。晚餐后大家意犹未尽，又到附近的一个酒吧聊天，一起唱了一些歌曲。到晚上12点多，大家恋恋不舍地散去。席间，几乎所有人都谈到打算毕业后回到中国去工作，这一点证明了中国对于国际化的人才具备了强大的吸引力。

尾声

我是第二天早上7点50分的飞机飞西雅图，回到旅店处理完Email已经凌晨3点，匆忙睡了三个小时，早上6点起来，整理好行装出发。大街上汽车行人还很稀少，空气中充满了黎明留下来的新鲜味道。我打了一辆车，直奔机场。在飞机上我迷迷糊糊睡了几个小时，睁开眼，发现舷窗外面一座座雪山扑面而来，我知道飞机此刻是在落基山脉上空飞行。再一会，一座白雪皑皑的火山形状的雪山在远处的云层之上闪耀着光芒，比周围的山头高出许多，根据地理位置，我知道那大概是圣海伦火山。1980年圣海伦火山爆发，把周围几十英里的地方摧毁得一片焦黑。面对阳光灿烂下如此安静的一座雪山，我很难想象它内心的狂暴。也许在平静的表面下，它正在为下一次震撼人心的爆发积聚力量。

9月7日

9月7日是无数日子中的一个日子。这个日子有过风有过雨，有过阴霾也有过阳光。自从有公元之后，世界已经度过2007个9月7日。在这一日子里，一定也发生过不少故事，有过欢笑也有过眼泪。在有些人心中，9月7日是神圣的日子，因为这一天他们来到了这个世界上，新东方员工中这一天来到世界上的人有16位之多。而对于新东方来说，这一天是不平凡的日子，因为在这一天，新东方教育科技集团在美国纽约证券交易所挂牌上市。

2006年9月7日，并不是新东方原先设定的上市时间，但是8月份的一份国家文件规定，凡是要到海外上市的中国公司，要经过国家六部委包括中国证监委的审批，这份文件的生效日期是9月8日。经过新东方董事会一天的讨论，我们决定把新东方原定在10月份上市的日子提前到9月7日，这样既不违反国家规定，也避免了层层审批所可能造成的时机上的延误。这意味着我们要把原定三个月的工作，在不到30天的时间内完成。新东方相关人员全部动员了起来，几乎没日没夜地工作，只为一个目标：9月7日在纽交所成功上市！

新东方的文件准备工作以每天上百页的速度向前推进，我的阅读速度从来没有这么快过，一本厚厚两百多页的招股说明书，我几乎每天读一遍；新东方的原始财务数据，每天以几万个的速度在进行合并，并且由于财务自动化系统还没有到位，必须每个数据进行人工核对，所以工作量巨大；各种法律文件像雪片一样飞来飞去；国际审计公司的工作人员如狼似虎般紧盯着新东方的一举一动——我的神经到了崩溃的边缘，不仅仅是因为工作的繁忙，而且是因为对未来的恐惧。自从有了新东方以来，我一直做的都是有把握的事情，而这一次，我不仅没有把握，而且连头脑都摸不着——真是开玩笑，一个连二分之一和三分之一都分不清的人，居然要用几万个数据给全世界的投资者讲故事，我第一次感到了什么叫黔驴技穷。但是箭在弦上，不得不发，只能硬着头皮上了。

8月22日新东方团队正式路演。在香港，我们和投资银行讨论价格，结果投资银行欺负我们，把新东方价格定在了十美元不到，他们的理由是这个阶段投资者都在休假，没有多少人会买新东方的股票。结果我大怒，背起背包就准备回北京，最后投资银行妥协，把价格定在了11～13美元。紧接着开始路演的训练，我第一次站到讲台前害怕得站不住脚，不仅因为不懂得如何路演，而且对自己蹩脚的英语口语感到恐惧，一个以英语培训为主的公司，老板居然讲一口第三世界英语，多跌份儿啊。但没有任何人能够代替我的角色，只能再次硬着头皮，居然赢得了一些掌声和笑声，给我平添了不少信心。到后来脸皮越来越厚，居然开始满口胡说起来，反正听不懂是别人痛苦，反正有新东方团队的另外两位成员在我身边，帮助我补救。他们分别是新东方的首席财务官Louis和财务总监魏萍。Louis毕业于斯坦福大学、哈佛大学和伯克利大学，典型的高智商又极通世故的人，口若悬河，有问必答，由于做过投资者和律师，很了解对方的心理，能把死人说活；而魏萍又是个天不怕地不怕的女性。结果我们三人搭起一台戏，居然唱得有声有色。最初我们只打算有四倍左右的认购量，但到路演结束居然达到了四十多倍，被华尔街认为是路演最成功的企业之一。

一路上有辛苦也有欢乐。在香港两天后，我们飞到新加坡，待了两天后，我们晚上飞回香港，原定从香港机场直接飞到美国旧金山，结果由于晚点被迫在香港再住一晚。飞到旧金山后又马不停蹄飞到洛杉矶，从洛杉矶再飞丹佛，从丹佛飞巴尔的摩，从巴尔的摩到纽约，从纽约到波士顿，从波士顿到芝加哥，从芝加哥再回到纽约。每天基本上是午夜12点后进宾馆，早上6点多就起来，每天要见十几批人，和每一批人都要充满激情讲同样的话，到最后我看见人就想一脚踹过去。回到纽约我再也不愿意走了，Louis和魏萍居然还兴致勃勃地走了一趟伦敦。

尽管辛苦，这一路也有欢乐的瞬间。我们曾经坐了一个小时的船在大浪中看金门大桥，曾经在旧金山街头猛吃沿路叫卖的螃蟹，曾经在街头碰见很多在新东方上过课的学生，曾经坐在飞机驾驶舱里看飞行员把飞机拉上天空，曾经讲一些有色笑话来驱赶疲劳——路演中让我最高兴的是，很多基金经理曾经是新东方的学生，让我省去了很多口舌。

9月6日晚上，正式确定销售价格，由于需求旺盛，我们要求提价，在一番讨价还价后，最后确定为15元一股。紧接着就是把股份分配给谁的问题，投资银行的人有很多关系户，僧多粥少，于是打开了争夺战。我抱着看热闹的心态站在边上，反正卖给谁也是卖，没想到我的电话遽然响起来，一个接一个。这个电话说我曾经是你的学生，能不能多分配点，那个说我曾经坐在你上课的第一排，能不能照顾一下，吓得我赶紧把手机关上了，然后傻笑着看Louis脸红脖子粗地和人争夺配额的分配权。这一天，新东方的著名人物徐小平、钱永强和新东方管理层副总级干部已经齐聚纽约，等待明天新东方的上市大典。

9月7日早上，我们被要求7点钟起床，8点钟要和纽交所总裁John共进早餐并交换礼物。大家在7点半来到纽交所门口，看到新东方图标已经高高挂在纽交所的大楼上，在图标下面，中国国旗插在正中，美国国旗在左边，新东方旗帜在右边，心里还挺激动。在纽交所周围到处都是荷枪实弹的警察，我还以为是来保护新东方的，后来才得知原来自从“911”后，美国人害怕恐怖分子袭击，不允许路人随便靠近纽交所了。我们经过了两三道关口后才进入了纽交所的大楼。纽交所的相关官员已经在等着我们，大家一起寒暄照相，又看到一些中国领导人相片也挂在墙上，觉得中国离这里并不遥远。早餐后大家一起走向交易大厅。9点钟，新东方的一些重要人物在纽交所官员的陪同下，在二楼的阳台上，和我一起敲响了开市的铃声。紧接着大家一起在交易大厅等待新东方股票交易的开始，大家仰着脖子，盯着屏幕，都快变成鸭子了，新东方的第一笔交易还没有开始，我的心里也开始紧张，不知道会不会是个好价格呢，还是会跌破发行价。到10点40分，第一笔交易终于开始，开盘22美元，新东方上市终于成功了。

新东方上市后，我被媒体记者问的最多的一个问题是：新东方上市的那一刻，你感到激动吗？中国的有些公司在美国上市时，老总激动得嚎啕大哭。坦率地说，我觉得好玩，但没有激动。好玩是因为这是我的新经历，人生一辈子，经历一次上市挺好；不激动是从一开始我就不想让新东方上市，我不想让资本家追着我的屁股走。人家给你钱是预支了你以后10年甚至20年的生命和时间，世界上哪有免费的午餐，给了你钱不要你干活的，你得像牛马一样干，我不想牺牲我的后半辈子的生活和心情为了挣钱满足资本家而干活。但新东方不得不上市：新东方内部人士对于财富增值的需求，新东方外部强大的竞争压力，新东方自身走向国际化的道路，使我们不得不让新东方走上上市的道路。既然不得不，那就上吧。所以，即使新东方成功上市，我的心情也不会轻松。在上市的那天下午，我一个人走到哈德逊河边，面对滔滔的河水坐了两个多小时，怎么也想不清楚我的后半辈子会怎样度过，想不清楚我将把新东方带向何方。我还能够左右我的生命，左右新东方的理想吗？

真是岁月如梭，一转眼新东方上市已经一周年了，在这整整一年中，靠着新东方全体员工和老师的努力，取得了不错的业绩，新东方股票的市场价值也翻了一倍多。也许未来股市会跌下去，但我希望至少新东方员工和老师的工资不要跟着跌下去。也许新东方未来股市会涨上去，我希望更多的新东方员工和老师能够从中受益。我知道新东方有比上市更重要的事情要做，就是让每一位老师、员工能够踏实地在新东方工作，能够因为在新东方工作而有一份好的生活。至于我自己，我也在努力工作，尽管依然常常陷入迷茫之中，但有一点我是清楚的，除了为新东方工作之外，我要用我的后半生，去实现已经生根在我心中很久的一个理想：创建一所真正意义上的非营利性的私立大学，能够有一天（也许百年之后）变成中国最好的大学之一。其实，能不能变成最好的大学之一也无所谓，重要的是人类的生活需要有梦想，因此，我的生活也需要被梦想不断点燃。

时间还会过去，不知不觉，像猫的脚步一样悄无声息。也许很多年之后，新东方已经成为人们故事里的记忆，而我的大学梦想也许已经随风飘散。但所有这一切都不能改变一个事实：新东方是一个与众不同的地方，新东方有着一批与众不同的人，而9月7日这个日子，因为新东方，也从此与众不同。

无穷的梦想无穷的路

新东方的“梦想之旅”已经进行了三年，参加“梦想之旅”的学生达到了几十万人，走过的城市已经一百多座。“梦想之旅”已经成为很多中国大学生耳熟能详的一个词汇。

如果说“梦想之旅”是纯粹的公益活动，多少有点美化新东方了。作为一个每年努力招生才能够活下去的培训机构，“梦想之旅”毫无疑问对于新东方的品牌宣传和市场推广起到了不小的作用。但如果我们只是为了新东方的品牌和招生去穿街走巷，大呼小叫，“梦想之旅”也不会让那么多的大学生激动、感动和心动。不管“梦想之旅”是否具备商业上的意义，其理想主义色彩始终是“梦想之旅”这一活动的主色调。

如果梦想的定义是对于未来更加美好生活的一种渴望和追求，那么梦想对于一个人、一个组织、一个民族的重要性不言而喻。一个人没有梦想就没有了生命力，一个组织没有梦想就没有了凝聚力，一个民族没有了梦想就没有了战斗力。马丁·路德金就是用他那篇“I Have a Dream”的伟大演讲震撼了美国和全世界，终于为美国黑人喊出了自由和平等。海伦·凯勒的一篇“Three Days to See”表达了一个盲人希望用自己的双眼看一看这个美好世界的梦想，使得多少人从此无比珍惜身边的一草一木、一丝白云和一缕阳光。中国的强国之梦，使无数的仁人志士在近一百年的时间内前赴后继，义无反顾地去奋斗，去献出自己的生命。梦想给人带来希望，带来勇气，带来力量。因为，梦想一定和未来相连，有未来在心中的人，不管现实生活多么艰难，都会积聚足够的勇气和力量向未来出发。

正是基于上面对于梦想的阐释，我们开始了“梦想之旅”，既为了成就新东方自己的梦想，也为了激发学生的梦想。新东方人是一批有着梦想的人，他们从来没有为了做一个培训机构而做培训，他们把新东方当成自己梦想的载体，如果把他们比作蝴蝶，新东方就像蝴蝶身上的翅膀一样。“梦想之旅”演讲团的主要成员王强、徐小平、包凡一等，无一不是梦想家。曾记得20年前我们在北大穷困潦倒之时，下一顿饭在哪里都还没有着落，却依然高谈阔论着未来成为藏书家、音乐家和哲学家的梦想。后来人生起伏跌宕，各奔东西，互相之间十年没见。我到北美去，拜访的人远远不止这三位朋友，但我发现其他人在现实生活的艰难中把自己的梦想消灭殆尽，已经变得世俗油滑，没有了令人心跳的超凡精神；但是这三位，一开口依然谈着自己的梦想。其实他们在北美的日子过得并不顺畅，每天都在为生计而奔忙，但梦想依旧，令人感动。王强把有限的工资几乎除了家用之外全部用来买书，因为他的梦想是成为藏书家。今天的王强，在藏书界已经小有名气，家里藏书达到了几万本。徐小平在北美连工作都没有着落，却还在抱着吉他创作自己认为必然可以传世的作品，后来回到新东方，音乐家没有做成，改行做了咨询师，但音乐还是他血液的一部分，每次演讲完毕，一定要用沙哑的嗓音给学生歇斯底里唱一曲，才感到畅快淋漓。包凡一在现实中依然手无缚鸡之力，但其哲学功底却变得日益深厚，依然好像不是食人间烟火之人。正是嗅到了这些人的梦想依旧，我才极力说服他们回到中国和我一起共事，共同做新东方。自从他们回来之后，新东方的理想主义色彩变得日益浓厚。

当我们面对学生无数双迷茫的眼睛，当我们一次次收到学生的来信，表达他们对于生活的痛苦和绝望时，我们知道我们应该上路了。

正是有了一批承载梦想的人，才有了“梦想之旅”。一个没有梦想的人，如何去和学生谈伟大的梦想呢？ 在二十多年艰苦卓绝的奋斗之后，我们深知梦想的力量。新东方一开始只是一个13个人的小小培训班，是梦想的力量使她成为了中国教育培训界的一个奇迹。我希望用我的切身体会告诉学生，即使你处于再卑微的状态，只要你有了梦想就能够过上有尊严的生活。在我沿着大街小巷刷招生广告时，我就梦想着新东方有一天会有一栋栋书声琅琅的大楼；而今天的新东方，在全国已经有了几十栋很漂亮的教学楼。我常常和学生说，一个人如果只是因为懒惰或者无所作为而乞讨，那是卑贱的，但一个人如果为了成为全世界最伟大的旅行家而一路要饭前进，那就是崇高的乞讨。这再一次证明了梦想使人变得伟大。

当我们面对学生无数双迷茫的眼睛，当我们一次次收到学生的来信，表达他们对于生活的痛苦和绝望时，我们知道我们应该上路了。尽管我们对于人生的觉悟也很有限，但我们毕竟经历过迷茫、痛苦和绝望，毕竟从迷茫、痛苦和绝望中走出来过，也许我们能够用自身的经历和体会带给学生点什么——至少有一点是可以肯定的，我们可以点燃学生梦想的火种，让那些梦想之火快要熄灭的学生重新燃烧起梦想的火焰。当我们在北京的办公室里待着时，能够见到我们的学生毕竟少数，我们内心有着不断和学生见面的渴望，这也许是知识分子好为人师的浅薄，但那毕竟是真实的渴望，既然这样，就让我们走出去吧，就像穆罕穆德所说的那样："山不来就我，我就去就山。"于是，在2005年初的一次酒酣耳热之际，大家豪言壮语要走遍中国的大学，把我们那点对于人生、对于学习、对于梦想的浅薄思想传授给学生。在3月的一天，春寒料峭的日子，我们穿着厚厚的棉衣开始了"梦想之旅"，从北京走向保定走向邯郸走向洛阳走向南阳，又从唐山走向沧州走向济南走向曲阜走向烟台，再从上海走向苏州走向南通走向滁州。我们一路走了四十多个城市，从穿棉衣开始到穿T-Shirt。学生们一双双渴望的眼睛让我们感动，学生们热情的掌声让我们激动，学生们一次次的拥抱让我们心动。到最后我们已经忘记了劳累，多少次把嗓子讲哑了，又把嗓子讲好了。多少次讲完后累得躺在床上再也不想动弹，但第二天又奔波几百公里走进另一座掌声响起的礼堂。

不知道我们到底带给了学生什么。学生们对于我们太宽厚了，一点点的思想和幽默就能报以热烈的掌声和笑声。中国的学生真是太好了：好学、勤奋、礼貌，尽管迷茫但不失坚强。当几千学生冒雨打伞来听讲座，所有的雨伞在黑色的天空下像盛开的鲜花；当那些残疾的学生推着轮椅一步步走进礼堂，他们的身体变成了坚定的磐石一样；当学生挤不进礼堂站在窗户外面，他们的轮廓在灯光的剪影下变得如此的美丽。我们一次次的被感动得泪流满面。于是我们决定：每一年都要走下去，带着梦想，带着信念，带着坚强。为此，我们自己不得不变得更加有梦想、更加有信念、更加坚强，我们不得不使自己不断地进步。

就这样一路走来，我们走过了2005、2006、2007年，我们走过了无数的城市和大学。在未来的岁月里，我们还要继续走下去，只为了世界上最有魅力的两个字：梦想！

同一天生活的两种态度

每天都有让人不高兴的事情发生，每天也都有让人高兴的事情发生。如果我们关注的焦点集中在了让我们不高兴的事情上面，我们就永远快乐不起来了。

今年圣诞节，在一年的辛劳之后，我决定带家人到夏威夷度假。为了更好地安排度假，我在老婆孩子飞到夏威夷之前，先从中国飞到了夏威夷。到达夏威夷是早上8点钟，我到宾馆准备登记入住，结果被告知宾馆要到下午两点钟才能入住。在十几个小时的飞行后，我是多么想进房间睡一觉啊，但是不行，只能背着行李在路边游荡，走进一家早餐店吃了点早餐，也不知道吃着什么了，有点闹肚子，好不容易转了几圈才找到卫生间。下午两点再回到宾馆，终于拿到了宾馆的钥匙，我预定的是海景房，结果到房间向外面一看，要把脖子伸得像长颈鹿才能够看到海的一角，于是拿着钥匙气冲冲地找到宾馆的经理，经理再三道歉但表示所有的房间都已住满。我情急之下没了办法说加点钱也可以。经理听了马上就说尽量协调，在离开了半小时后（估计去休息了半小时），回来告诉我只要我每天增加20美元就能够住更好的海景房，我只能一咬牙掏了钱。到了房间，终于能够看到大海了，心情也舒畅了一些。接着我连接房间里的网线，想要上网开始工作，这时的北京，刚好是早上9点钟上班的时间，有大量的工作需要联络，结果打开网络，需要我支付每天15美元才能够使用。中国的很多宾馆宽带早就免费了，这里却要付15美元，简直有拦路抢劫的感觉，但工作不能耽误，只能乖乖付钱。

下午5点钟我去租了一辆车，希望晚上能够开车去接老婆孩子。为了熟悉路径，我就开车到外面转悠，没想到却迷了路，一边开车一边找路，一不小心挡住了另外一辆车的去路，对方又摁喇叭又骂娘，弄得我在心里把对方掐死了好几回，可脸上还得挂着道歉的笑容。

老婆孩子坐的飞机原定晚上11点到，我上网查了航班信息没有延时的通告，于是在10点半开车到了机场，结果进去一看航班延误了三个小时，要深夜1点半才能到。我只能再回到宾馆等待，困得半死也不敢睡着，怕睡着了醒不过来耽误了接机的时间，熬到晚上1点又开车上机场，终于等来了飞机落地，见到了老婆孩子。我们一起在行李带边上等待行李，结果行李带又出了问题，行李被卡在里面就是下不来，折腾了半小时才取出行李。

回宾馆的路上，光顾和老婆说话，忘了汽车的速度，结果发现一辆警车闪着灯跟在后面。被迫靠边停车，警察下来走到我面前说我超速了，还好，训了我几句没有罚款就让走了。

回到宾馆我整个人都累趴下了，但孩子们却很兴奋，硬是不肯睡觉，到凌晨4点，大家才开始昏昏睡去，结果第二天早上8点多就被敲门声弄醒了。原来晚上忘了在门外挂“请勿打扰”的牌子，清洁工早早就来打扫房间了。你说我这一天过得什么乱七八糟的，没享受到度假，倒是弄了一身的疲劳和一肚子的怨气。

但是，请大家不要误解，我上面的陈述，只是我夏威夷第一天经历的痛苦版本，下面是我这一天的喜悦版本。那天早上，飞机飞到夏威夷的上空，我在机窗里看到了鲜红的朝霞在天边升起，把很多云彩染得像一朵朵玫瑰花。在飞机落地之前，我看到了清晨中整个夏威夷岛的美丽景色，珍珠港也展现在我的眼底。飞机稳稳地落在了夏威夷国际机场，我迎着早上和煦的阳光走下了飞机。出海关时，没有什么人排队，很快就过了关，而且那个美国海关官员脾气很好，祝我圣诞快乐，一边让我摁手印一边和我友好聊天，因此我觉得摁手印也就不再那么让人难堪了。

出关以后我打了一辆出租车去宾馆，司机一边开车一边向我介绍夏威夷的情况，我还没到宾馆就已经有了一个好向导告诉我哪里是最好玩的地方。车沿着海边开，一路上到处都是好风光，白云挂在山头，海鸟飞在蓝天。到了宾馆，由于住客很多，我不能马上入住，于是我在海边找了一家咖啡店，一边吃着早餐一边看海上远处帆船点点，近处白浪滔天。我喝着咖啡，悠闲地读着从国内带来的《读者》，看眼前人来人往，心里有说不出的宁静。结账时，我问女服务生能否多坐一会，女服务生给我投来迷人的一笑，不但允许我坐，而且又给我送来了一杯免费的咖啡。我身心顿感惬意，想起了那句“面朝大海，春暖花开”。我坐了一会，肚子感到不舒服，去了卫生间回来，窃喜自己随身带了拉肚子的药，吃下两片后感觉很好，很快就又坐在海边欣赏风景了。

如果我们执著于生命的痛苦，我们的生命就会痛苦不堪；如果我们专注于生命的喜悦，我们的生命可能就会充满愉悦。

几个小时在不经意中就过去了，下午两点我才依依不舍站起来去取房间的钥匙。进房间后发现我预定的海景房见不到海，于是又跑到登记处找经理换房。经理一脸难色，我就和他说：你看，我好不容易才来夏威夷一趟，花了那么多钱，就是为了请老婆来玩，让老婆以后对我好一点，今天又是圣诞节，如果我老婆来了，发现房间不好，她的心情就会不好。结果经理大为感动，帮我折腾了半小时，终于换上了一间景色令人心旷神怡的房间。我在房间里的阳台上能够看到很远处的大海，觉得争取了一下权利真是很值得。

下午我租了一辆车，开车到马路上转悠了一番，结果迷了路，还挡住了别人的车，被人骂了一顿，心里尽管有点不痛快，但同时也学到了几句用英语骂人的话，下次美国人挡我的路也可以回骂，不亦快哉！回到宾馆，看看离接机的时间还早，就决定到海里去游泳一会，居然发现海里有很多鱼和我同时在游，我又惊又喜，没想到这么一个热闹的地方，对自然的保护这么好，鱼不怕人人也不怕鱼，不亦快哉！

然后我上岸吃了晚饭，准备到飞机场接老婆孩子。本来他们应该11点到，但飞机晚点了三小时。于是我从机场重新回到宾馆处理了几十封Email，安排了很多工作，为自己的分秒必争感到很自豪，因为处理完工作，我的假期将会变得更加轻松。

晚上1点钟，我再次开车上机场。深夜的火奴鲁鲁，变得宁静而安详。在机场出口，我看到儿子女儿第一个向我冲来，我一手接住一个，心中的快乐难以言表。在回宾馆的路上，由于得意忘形开车超速被警察截住，但当警察发现我一车行李一车孩子时，脸上露出了微笑，说让我小心开车，好好度假，并祝我们圣诞快乐，说这次罚款就免了，下次注意，使我从心里油然升起一股温暖，对警察的印象大大改变。

回到宾馆房间，孩子们兴奋得睡不着，在床上活蹦乱跳，于是我也蹦跳起来，和家人在一起，其乐融融，喜在其中。

写了上面两个版本的夏威夷经历，你可能要问哪一种心情是我的真实经历。我想告诉大家的是，我写上面的文字，并不是为了向大家说明我到过夏威夷，也不是为了向大家表明我在夏威夷一天的痛苦和快乐。我只想说明即使在一天之内，我们也能够深刻地感知生命的存在，有生命就会有生命的痛苦，但也会有生命的喜悦。如果我们执著于生命的痛苦，我们的生命就会痛苦不堪；如果我们专注于生命的喜悦，我们的生命可能就会充满愉悦。其实重要的不是我们的生命中经受了多少痛苦和喜悦，而是我们对待生命的态度。只有在正确的态度下，我们生命中的每一件事情才能够集结为生命的丰富和伟大，也才能够知道如何处理日常生命中的喜怒哀乐。

说了这么多，我无非想告诉你，我在2007年圣诞节的这一天，可以过得很不快乐，也可以过得很快乐。我还想告诉你，快乐不快乐是由你自己决定的，不能被别人的行为所左右；用你的心来决定你是选择快乐还是不快乐吧。每一天我们都可以作出决定，也许对日常生活中细小事情作出的决定和持有的态度，就能够改变你的一生。

灾区日记

2008年5月19日下午2点28分，全国所有的汽车、火车和轮船汽笛长鸣，警报器在全国每一个地方拉响，所有人都安静地站起来，默哀三分钟，几乎每一个人都泪流满面，为了在5.12地震中死难的几万同胞，举国悲恸，举国哀悼。

5月19日我在杭州，参加新东方一年一度的"梦想之旅"大学生励志演讲，和杭州新东方员工一起默哀完毕后，我决定中止后面一个星期的旅程，取消宁波、上海、苏州、沈阳等地的讲座，让各地新东方学校给学生作出道歉和解释。我要奔赴灾区，慰问新东方成都学校的老师和员工，他们中间有些人已经成为志愿者奔赴抗震救灾的前线，同时我自己也想到实地看看能够为灾区做些什么。新东方已经在全国新东方学校征集老师，准备开赴灾区为孩子开展教育服务。

这时成都方面传来消息，政府发出19日、20日强烈余震警告，要求老百姓尽可能不要在家里居住。成千上万的市民走上街头，涌向空地，整个成都陷入恐慌之中，所有商店全部关门，新东方人让我无论如何不要在这个时候去成都。19日晚上，新东方在浙江大学和浙江工业大学的讲座已经没有办法通知学生取消，只能继续进行。我和王强决定，在讲座之前，为学生朗诵为地震所写的感人诗歌，我们从网上选定了《孩子，快抓紧妈妈的手》、《祖国在上》、《爱的家园》等诗歌进行朗诵。晚上讲座准时开始，灯光变暗，"孩子，快/抓紧妈妈的手/去天堂的路太黑了/妈妈怕你碰了头/快，抓紧妈妈的手/让妈妈陪你走/妈妈，怕/天堂的路太黑/我看不见你的手/自从倒塌的墙把阳光夺走/我再也看不见/你柔情的

眸……”朗诵刚一开始，我们的声音就哽咽难续，学生们则已经泣不成声。这是我们有史以来最难的朗诵，也是有史以来最难的讲座。在眼泪中，我们和学生一起体会着坚强的味道：死者已逝，生者坚强。

20日上午，我买到了去成都的飞机票，成都方面传来消息，大家依然都睡在地震棚里，我们出去采购了两顶野外帐篷。下午3点多，飞机飞往成都。到达成都后一路所到之处，马路两边的空白处到处都是搭的地震棚。地震棚边上停着各种汽车，不乏奔驰宝马等高级轿车，彻底体现了在地震面前一律平等的状态。每一个生命都在恐惧和不安中等待着那一刻震颤的来临，恨不得大喊一声，要来你就快点来吧！晚上，住在一个朋友提供的临时居住地，有平房也有帐篷。我打开地图，对于地震最严重的汶川、北川、青川一条线和周边地区进行了研究，自认为即使余震很严重，成都也不会有太大的危险，另外即使地震，平房也比较容易冲出来，所以就决定睡到房子里去。有些人和我一样睡在房子里，也有些人睡到了帐篷里。晚上开始下雨，一夜雨声，淅淅沥沥，更加让人心绪不得安宁。早上起来，余震警报解除，大家感觉放松了不少。

21日上午9点到达成都新东方学校，慰问了来到办公室的主管们。为了防止可能产生的余震，新东方没有要求员工来上班，但在成都学校的安排下，我见到了成都新东方家庭受灾很严重的员工，其中唐艳的故事让我深受感动。唐艳的家乡在受灾最严重的地区之一平武县南坝镇，地震发生后，唐艳打电话给家里，怎么也接不通，而她的父母都住在家乡，她心急如焚，立刻坐车赶往家乡。在道路被泥石流阻挡后，一个人不管白天黑夜，翻过一条条破损的公路、一道道危险的滑坡、一块块滚落的巨石，完全不顾石头还在往下滚的危险，徒步十几个小时到达家里，眼前出现的是一片废墟。还好父母都在地震中幸存了下来，正坐在大雨中看着废墟发呆。一家人拥抱痛哭之后，唐艳坚决要把父母带出险境，结果父亲坚决要留下来照顾唐艳的奶奶，死活不走，唐艳只好带着母亲、舅妈、表弟、表妹上路，又徒步了十几个小时，才走出了被地震围困的大山。一个弱女子，面对自然的强悍，爆发出了前所未有的精神力量。面对她湿润的眼睛，我看到的是柔弱后面无比的坚强。

在见完新东方的员工和主管后，我和《光明日报》驻成都记者站站长余长安一起奔赴绵阳教育局，去见教育局长王和金和副书记叱利华。见他们的目的是讨论新东方如何有针对性地支援灾区：一是了解一下受灾的学生和学校现在最需要什么，二是讨论新东方在灾后帮助重建一两所学校的事情。见到王局长时看到他满脸疲惫，胡子拉碴，已经连轴转了一个星期，刚坐下几分钟就被人叫走了。坐镇的叱书记给我们介绍了情况。在绵阳地区的学校，尤其是在北川、平武和江油的学校，几乎全部倒塌或震裂，大多数都要推倒重建。当我说到新东方已经组织的两百多人的志愿者队伍，希望能够来到灾区协助教育时，得知现在除了高三以外学生都集中在一起，还没有复课，所以老师队伍来了没有用武之地，而其他方面的志愿者已经很多，有些志愿者反过来变成了灾区的负担。他们说现在最缺的是可以作为临时教室的大帐篷，还有文具和其他学习用品。由于大帐篷紧缺，新东方没有办法弄到，我们唯一能够做的就是给学生送学习用品过来。我当场打电话到成都学校，要求他们在两天内配齐50万元的文具和其他学习用品，并在当天从北京调拨50万元资金进入成都。同时，我们和绵阳教育局达成口头意向，在灾后新东方援建绵阳地区一到两所中小学。

从教育局出来后，碰上了四川电视台的记者张剑平，他刚好准备去平武灾区采访，我非常想跟他一起去了解灾情，并且我们准备援建的学校就在受灾最严重的平通、南坝一带；但打听到道路没通，进去了也不知道能够为灾民真正做些什么，怕帮忙不成反成累赘，终于没有成行。晚上返回成都，见到了四川电视台的一些朋友，他们刚好准备第二天去德阳下面的重灾区，实地考察中小学受灾情况，我决定第二天和他们一起深入灾区，了解情况后更有针对性地制定援助方案。成都地震警报已经解除，我当天晚上住回宾馆。

22日上午8点出发，首先到达绵竹的遵道镇。到达遵道中学时，发现教学楼还在，已经出现了无数裂缝，但由于楼没有倒，学生没有伤亡。见了校长陈朝禄，他听说过新东方，非常热情地接待我们，介绍情况。他的母亲在这次地震中已经遇难，但他坚持在学校工作。遵道镇有五百人左右在地震中失去了生命，极目之处，满眼废墟。遵道中学里由于建成了第一所板房希望小学，已经成为了媒体采访的重点，刚好今天又是遵道中学地震后第一天开课，当我们到达时，学生们正在写“假如我有一盏神灯”的作文，然后唐山来的心理救助人员给孩子们进行了户外心理辅导活动。在那里的短短一个小时，我就碰上了上海东方卫视、四川电视台等多家媒体，还碰上了全国青联的几个人，拉了一车东西来给灾民分发。

我们随后继续前往什邡，在通过防疫站后进入真正的重灾区，绕过了很多山体滑坡后到达了蓥华中学。蓥华中学一共有五栋楼，其他四栋还在废墟中耸立着，唯独教学楼倒塌了，驻扎在校园内的武警战士向我们介绍了当时的情况，很多学生被压得四分五裂，死得十分悲惨。在校园里堆着已经被彻底翻过不止一遍的废墟，这片废墟在吞噬了很多生命之后显得平静而残酷。几位家长以为我们是上面来的干部，把我们团团围住，不断问我们为什么教学楼塌了，而其他楼却没有塌。他们说这栋教学楼原来只是一栋三层楼，本身就已经被认为是不结实的一栋楼，后来学生增多了，又在上面盖上了第四层楼，结果地震时刚摇晃几下就塌了，学生几乎没有跑出来的时间。家长讲述着自己孩子被砸死的事情，有的家庭一下子两个孩子都没有了，他（她）们的眼中已经没有了泪水，表情也变得平静，好像在讲述别人家的故事一样。这个世界是如此的残忍，地震在吞噬了他们孩子的同时，几乎同时吞噬了他们悲伤的权利，因为身边每一个人几乎都失去了亲人或孩子，面对这一切，悲痛已经变成麻木。我们走的时候，问家长们需要什么我们可以给送过来的东西，家长们唯一的一句话就是我们什么都不要，我们要的是公道，告诉我们教学楼为什么会倒掉。离开家长后，全车人的眼泪哗哗地往下掉。

我们继续沿着被损坏的公路向前，路两边老百姓的房子全部被夷为平地，一些帐篷在废墟中孤零零地耸立起来。活着的老百姓脸上出奇地平静，默默地接受着这一切。河谷中，那家泄漏过毒气的化工厂在废墟中依然冒着青烟，空气中有呛人的氨水的味道。老百姓说，因为这座化工厂，村里很多人得了癌症，而村里人每人每年只能得到10元钱的污染补偿费。由于经常泄漏有毒气体，周围的树不少都已经死掉，活着的树也变得青黄发蔫。老百姓说地震唯一的好处是把这座厂给震倒了，听到这句话我们的感觉就是顿时血液冷却和凝固。在曾经这么山清水秀的河谷中，一条溪流奔腾而下直到平原，居然开了一家充满污染的巨大化工厂，而且周围还居住着成千上万的老百姓，真不知道有没有把老百姓的命当做命来对待。很多解放军战士还在翻着废墟，帮助老百姓寻找物品，或者翻找可能存在的动物尸体，以防止疫情的发生。空气中有漂白粉和腐臭混合的味道，加上化工厂泄漏出来的味道，使人几乎喘不过气来。不远处一只小狗在欢蹦乱跳，一对燕子在展翅飞翔，好像眼前这一切灾难从来没有发生过。而我们一路看过来，感觉已经开始变得麻木，欲哭无泪了。看着老百姓一无所有，我们开始从口袋里掏钱，可惜几千块钱一会就发没有了，这时候，恨不能拎一麻袋的钱过来不断地发下去。

路边上，国家的救援物资已经逐渐到达，很多人排着队在领帐篷、粮食和被子，部队战士到处忙着整理废墟和消毒。我们吃着自带的干粮，又一路走到了仁和小学、红白中学、红白小学，几乎无一例外都是教学楼倒塌，学生被埋在了里面，一个个年轻的生命就这样走了，一只只书包和一本本书散落在废墟之间。为什么除了教学楼，还是教学楼，到底是地震的天灾还是教学楼不结实造成的人祸？心越来越痛，痛得几乎直不起腰来。在红白小学，我从废墟中找出一只只书包，每一只书包都是沉甸甸的分量，他们的主人大部分都已经失去了灿烂的生命，我们把书包集中在一起，能做的就是跪在地上，不愿意再爬起来。

这些学校在地震的关键时刻，出现了一批英雄的老师，他们不少人为了挽救学生的生命，献出了自己的生命。红白小学二年级语文老师汤鸿最后的姿势定格在这样的画面：她的两只手各拉着一个孩子，身下还护着几个孩子。虽然自己已在瓦砾中丧身，但被她用血肉之躯护住的几个孩子却幸运地活了下来。红白中学的老师张辉兵，死后双手仍直直地指着同一个方向，那是学生逃生的方向。地震发生时，张辉兵正在二楼的讲台上，距离教室门只有一步之远。感觉到地动山摇的那一刻，张老师立即招呼孩子们往外跑，并用双手死死撑开已经晃动变形的门框，当十多个学生奔跑出一楼后，整幢教学楼轰然坍塌。救出了15名学生的张辉兵倒在了他死死撑着的教室门口。面对这些感人的故事，我只想说，我们宁可不要英雄的老师，我们需要震不倒的教学楼。

在残阳如血之后，黑夜来临。我们经过了一道又一道消毒防疫站之后，走出了灾区。我下定决心，新东方一定要在这座大山里，帮助孩子们建起一座再也不会倒塌的学校。一路上，我打电话给新东方总裁办公室成员，要求把新东方的捐款由800万增加到1500万之上。

从21日到达绵阳开始，我就要求成都新东方的员工采购灾区学生所需要的学习用品。23日，50多万元的学习用品全部采购完毕，分装到四辆卡车上。23日下午，我和成都新东方学校的员工一起，把四卡车的东西分别送到了绵阳和德阳教育局。在德阳教育局，我见到了毛君甫局长。他曾经到过新东方学校，听说我到了四川，立刻想要见我，我在昨天考察了绵竹和什邡之后，和他通电话，给他送物资，并和他一起讨论援建学校的事情。和他一见面，他什么话都不说就给我播放刚刚做完的地震专题片，我的神经再次被专题片中的画面震动得浑身颤抖。毛局长还没有开口，我就表达了新东方希望援建两所灾区学校的意向，结果毛局长说不光要学校，还要新东方的老师，还要我。我问他要我是什么意思，他说要我把新东方的精神带进来，以后很多年，灾区都需要新东方“追求卓越，挑战极限”的精神。随后，我和毛局长一起去了东汽中学高三学生的安置点。在此前的22日晚上，在德阳帮助东汽中学的学生做心理疏导工作的新东方老师古典给我发来信息，希望我给东汽高三的一百多个学生购买一些学习和生活必需品，我们23日早上在成都采购了手电、插线板、笔记本等学生需要的东西，同时购买了投影仪，DVD机、功放音响等教学用品，随后和毛局长、古典一起把东西送给学生。应古典老师的要求，我给学生作了20分钟的讲话，这是我最难讲的一堂课，反复给学生讲的一句话就是“站起来，往前走，勇敢地追求幸福；只有你们幸福了，你们死去的亲人才会在天堂里微笑”。东汽中学九百多个学生，在这次地震中有三分之一的学生不幸遇难。每一个学生几乎都失去了自己的好朋友，还有亲人，但面对学生已经变得坚强的脸庞和脸上出现的微笑，我反复警告自己不许哭，不许让学生感到我的悲伤。离开学校，走进车里，我的眼泪还是没有能够忍得住，无拘无束地流了下来。

岁月如歌

今年是新东方成立15周年，新东方公关部要我写一篇文章谈一谈新东方的15年，敦促了我很长时间，我一直没有动笔。因为，回想过去的15年，我的心情似乎平静如水，15年中经历的种种波澜壮阔，已经成为一种恬淡的回忆，既没有往事不堪回首的痛苦，也没有甜蜜的往事不想忘怀的感叹。在15年的风雨兼程之后，现在的新东方依然在一路前行，有时风起云涌、波澜起伏，有时风和日丽、云舒云卷。经过了15年的历练后，现在的新东方已经多了一份沉着从容，多了一点坦然自信。

新东方的诞生

其实，新东方的生命比15年要长。就像一个孩子出生之前还有十月怀胎一样，我也并不是在1993年突然心血来潮创办新东方的。在此之前新东方至少还有五年的孕育期可以追溯。1988年左右，中国开始了第一次到美国留学的热潮，当时的留学不像现在这样大张旗鼓地进行，很多人都像作贼一样偷偷准备，因为工作单位一般不允许出国，被人知道了容易引起麻烦。于是，常常一个人出国许久以后，旁人才知道他已经到了国外。现在新东方的元老级人物徐小平、王强等都是在这种情况下出国的。出国在当时是一件像上天堂一样了不得的事情，听说有朋友到国外去了通常会眼睛羡慕得发红。我本来在北大当老师，悠闲自在，就像一只乌龟躺在舒适的沙滩上享受阳光一样，突然我发现周围的人都像鲨鱼一样游到了大洋彼岸，于是在羡慕之余也产生了横渡海洋的冲动。

1988年1月我参加了第一次托福考试，并且获得了657分的好成绩，然后就开始了连续三年多的联系出国之路。我当时的目标并不是要上什么好大学，只要美国人让我过去，干苦力也在所不惜。但美国人慧眼如炬，一眼就看出来我是个想出去混事的主，给我发了几张印刷得很漂亮的录取通知书诱惑我，但就是不愿意给我一分钱的奖学金。我在北大每月领取120元的工资，不可能有经济能力自费出国，出国梦想只能就此打住。

出国无望，家庭经济陷入困境，我想起了自己对于托福考试的深刻研究，于是就背上书包到各个培训机构开始教书谋生。1989年的夏天特别的漫长和沉闷，我为了打发时间，和一所民办学校商量，以承包的方式办了个外语补习班，当时王强刚好在国外进修了一年后回到国内，我们俩一唱一和，居然招到了一些学生来上课，这个班应该算是新东方最初的雏形。后来北大认为我办班是非法行为，是不尊重北大的一种表现，就给了我一个行政记过处分。处分在北大高音喇叭播出的时候，刚好外面下着大雨，我和王强在房间里喝酒，结果喝得不省人事。后来王强不知道用了什么办法又偷偷出国去了，我收到了他的明信片才知道他已经到了美国，而我的第一次办学之举也从此夭折。到了1990年夏天，我觉得待在北大的生活变得愈加沉闷无聊，于是痛下决心告别了希望成为北大教授的梦想，把全部行李装上一辆三轮车，在月光之下推出了北大南门。

离开北大后，我找到了一家叫做东方大学的民办学校，为他们创办了外语培训部，同样以承包的方式进行，大张旗鼓地做了起来。当时心里憋着一股气，一心想要做出点成绩来洗刷自己在北大遭受的耻辱，又想尽快存够钱出国读书，所以特别发奋努力，结果培训部的名声就开始做大了。

到了1993年，我以更大的热情投入到了办学之中，决定创办一所自己的学校，想了半天也不知道起什么名字好，刚好当时有个朋友办了个公司叫“新北高”，于是我灵机一动，就在“东方”前面加了个“新”字，新东方学校从此诞生。拿到办学许可证的那一天是11月16日，我骑着自行车到海淀教育局领许可证，北京正好刮着大风，漫天黄沙飞舞，给我带来了一种战士出征的悲壮感觉。

在十几年的发展历程中，新东方从一开始就把两种元素融入到了教学之中，一是轻松幽默的语言，一是充满煽动力的励志教育。

新东方的精神

所有来到新东方的学生，都能够感到新东方有一种精神存在。学生来到新东方的初衷，都是为了通过英语考试或者获得语言能力的提升，但一旦走进新东方教室，就能够额外收获一种激情、一种奋进、一种热爱生命的态度。

在十几年的发展历程中，新东方从一开始就把两种元素融入到了教学之中：一是轻松幽默的语言，二是充满煽动力的励志教育。可以说正是这两种元素造就了新东方的魅力，使新东方显得与众不同。尤其是励志教育，十几年来已经成为了新东方的一种传统。很多学生在百无聊赖和四顾迷茫之中走进新东方，在听完了老师的讲课之后，常常眼前一道亮光闪过，发现生命可以过得远比自己想象的精彩，发现只要坚持奋斗，人生终将辉煌。让失败者成功，让成功者更成功，成为新东方励志精神的重要内核。我们不断强化这一信念：面对困难、挫折和失败，永不放弃、永不言败是走向成功的唯一法宝。

这一励志教育的源头主要来自我自己的经历，我在连续高考三年后走进北京大学，在北大因为得肺结核病休一年，毕业后联系出国三年未成，后来千转百回创立了新东方。正是一次次面对失败和疾病的抗争，让我变得越来越坚毅，也越来越相信天地之间终有我一席之地。当我把自己的经历和感受讲给学生听，当我说出那些让人心潮澎湃的豪言壮语时，我能看到学生的脸变得熠熠生辉，眼神中流露出对未来强烈的渴望。

在不断成熟的教学实践中，我有意识地把励志教育分为三大块内容。一是讲述我个人的奋斗经历，通过传递我个人的精神来感染学生和激励学生。二是在课堂中穿插讲述别人的故事或者那些有励志色彩的小故事来激励学生。很多新东方课堂流传的小故事，像狮子和羚羊的故事，雄鹰和蜗牛的故事，狼和鹿的故事，后来从新东方的课堂传向四面八方。其中雄鹰和蜗牛的故事我们是这样讲的："能够登上金字塔顶端的只有两种动物，一种是雄鹰，一种是蜗牛。雄鹰拥有矫健的翅膀，所以能够飞到金字塔的顶端；而蜗牛只能从底下一点点爬上去。雄鹰飞到顶端只要一瞬间，而蜗牛需要爬很久很久，也许需要坚持一辈子才能爬到顶端，也许爬到一半滚下来不得不从头爬起，但只要蜗牛爬到顶端，它所到达的高度和看到的世界就和雄鹰是一样的。我们大部分人也许不是雄鹰，但是我们每一个人都可以拥有蜗牛的精神，我们可以不断地攀登自己生命的高峰，终有一天，我们可以在无限风光的险峰俯视和欣赏这个美丽的世界。"这样的语言像燃料一样输入学生生命的发动机，使学生一次次产生奋发向前的冲动。第三，新东方也用实际行动让学生感动。有一次我扁桃体发炎化脓，导致高烧不退，夏天接近40度的天气居然冷得浑身哆嗦，但是我的课没有任何人可以代替，于是我穿着军大衣，披上棉被，哆哆嗦嗦上完了五个小时的课。还有我女儿出生那天，医生说预计出生时间是晚上9点，可我晚上6点半到9点半有课，我一咬牙把老婆扔在医院就走进了课堂。等我上完课后冲回医院，我女儿已经睁开眼睛开始打量这个陌生的世界。上个世纪90年代的北京，没有任何预告就停电就像家常便饭，有时上课刚几分钟教室就一片漆黑。学生辛辛苦苦挤公共汽车来到教室，再让学生回去于心不忍，于是我们给每个学生发一根蜡烛，停电后一起点燃，几百根蜡烛在阶梯教室里闪烁着光芒，老师在烛光下声嘶力竭地讲课。无数学生后来回忆起这一幕都充满感动，很多学生都从新东方的烛光中走进了世界名牌大学深造。

但做事情光有一群人还不行，这群人必须是具备团队精神的一群人，也就是一群有着同样精神状态、奋斗目标和进取精神的人。

15年的岁月里，新东方的教室条件越来越好，新东方的办公条件越来越好，但有一点新东方从来没有忘记过，那就是“追求卓越，挑战极限，从绝望中寻找希望，从奋斗中寻找辉煌”的精神。我们把这种精神叫做新东方精神。

新东方的团队

新东方之所以能够走到今天，是因为新东方拥有优秀的团队。一个人的力量是有限的，但是一群人的力量是无穷的。我们很容易把一根树枝折断，但我们很难把捆在一起的十根树枝一起折断。但做事情光有一群人还不行，这群人必须是具备团队精神的一群人，也就是一群有着同样精神状态、奋斗目标和进取精神的人。我把团队精神定义为一群有魂的人为了同一个目标走到一起。

新东方是一个团队精神非常充分的地方，这一状态和我个人的喜好有关。我天生喜欢热闹，不愿意一个人干活，也不愿意一个人独享成就。我从小就喜欢和小朋友们一起玩并与之分享我所拥有的东西，这一爱好一直延续到今天。从做新东方的第一天起，我就不是孤独的。新东方作为教育事业给人的崇高感，新东方的奋斗精神和活力，吸引了一批批人来到新东方。新东方的第一批团队成员实际

上是一批下岗工人——十来个四五十岁的中年妇女。她们帮助新东方看教室、打扫卫生、印刷资料、处理各种社会关系、服务学生等，这批在国有企业中已经完全失去活力的妇女们，在新东方爆发出了空前的工作热情，以每天工作16个小时还不罢休的热情投入到工作之中，把新东方搞得蒸蒸日上、日新月异。新东方的第二批重要团队是新东方最初的十几个老师，这批人中间包括了现在在学生中还赫赫有名的钱坤强、夏红卫、杨继、宋昊、钱永强等人。那真是一个激情燃烧的岁月，每天大家走进教室拼命上课，走出教室大碗喝酒，到一期班结束后大家就一起分享胜利果实，根据每个人的贡献论功行赏。当时发工资还没有银行卡一说，要到银行领出大把的现金发放，而且都是十元的面值，老师们常常用一个大书包把钱开心地背回去。没有课的时光，我们就一起结伴远游，到草原骑马，到峡谷漂流，到山顶呼啸，度过一段段难忘的时光。

到1995年，我放弃了出国读书的打算，下定决心要把新东方当做终生事业来做。1995年底，我只身飞到美国和加拿大，一是走马观花看看这些国家，了却心中踏上北美土地的愿望，二是拜访大学时的同窗好友，看看有没有机会说服他们回到中国和我一起干新东方。在无数次的喝酒聊天悲歌欢笑之后，我终于打动了几个胸怀大志的朋友，使他们背起行囊回到了祖国。这些人组成了新东方最具魅力的一个团队，以他们的激情、演讲、眼光和胸怀，一次次让学生激动，一次次让新东方升华。这批人把新东方从一个原始的培训学校，改造成了现代化结构的国际上市公司，把我本人从一个只会教英语的老师，推上了上市公司老总的管理平台。这些朋友，至今依然在新东方发挥着重要的作用，他们就是学生一听到名字就翘首仰视的王强、徐小平、包凡一等人。他们以思想、激情和梦想，在整整十年的时光里，感动了成千上万的学生，让他们相信未来，热爱生命。

新东方可能发展得轰轰烈烈，也可能归入历史的尘埃了无踪影，但只要新东方存在一天，她存在的宗旨和目的就不会改变。

今天，随着新东方的发展，新东方的团队越来越强大，充满个性和魅力的人物越来越多，无数才华横溢的老师从四面八方来到新东方，无数热爱教育的人才从五湖四海汇聚新东方。今天的新东方已经壮大成为一个有着八千多员工、老师和管理者的强大团队。新东方的办公地点变了，新东方的组织结构变了，但有一点新东方一直保持着本色不变，那就是令人羡慕的、拥有强大精神力量的新东方团队。

新东方的未来

有很多媒体记者在采访我的时候都会问一个同样的问题：新东方的未来是什么？新东方打算走向何方？坦率地说，这是一个不好回答的问题，我也从来没有明确的答案。很多人都以为我雄才大略，胸有成竹，而实际上我常常是捉襟见肘，十分狼狈。

新东方从过去走到现在，一直是顺其自然发展而已，我从来没有设计过她的未来，更加没有五年计划之类的东西。商业世界瞬息万变，我觉得制定了计划也不一定管用。但有一点我是可以肯定的，从新东方诞生的那一天起，我就知道新东方永远不会做教育之外的东西，如果说得好听点这叫专注，如果说得直白点就是别的东西我不懂，也就不愿意去碰。这一特点使得新东方无意之中一直走在了正道上，不管是新东方的语言培训，还是新东方的远程教育、图书出版、基础教育，或者现在正在开拓的学前教育和职业教育，新东方自始至终都没有离开过教育两个字，也从来没有离开过教育这个行业，我想在未来可见的时间里也不会离开。所以，新东方可见的未来一定是在教育领域里风雨兼程，勇往直前。至于说最后会有一个什么样的结局，已经不在我们应该担心的范围之内。我相信只要方向是对的，哪怕道路再曲折，也能够走到我们心中的目的地。

新东方可能发展得轰轰烈烈，也可能归入历史的尘埃了无踪影，但只要新东方存在一天，她存在的宗旨和目的就不会改变——新东方要做的事情，就是帮助千万个希望自己的生活变得更加精彩的人去实现他们的梦想，就是鼓励千万个经历了失败和挫折的人重新站起来去迎接生命的挑战。我们希望新东方是一个不平凡的地方，一个让人们的生活变得更加灿烂的地方，一个让人们的心灵变得更加充实的地方，一个让人们变得更加自信和坦然的地方，一个让人们更加懂得人性、懂得爱、懂得珍惜的地方。

这就是新东方，她的未来，就是让千千万万的人拥有更加美好的未来！

我的2008年

《新东方精神》的编辑要我写一篇文章，回忆一下我的2008年，这其实挺为难我的。因为2008年还没有过完，现在才11月初，后面两个月会发生什么事我们不可预料，现在就为2008年作总结似乎为时过早。另外，编辑要我写一写对于中国和世界发生的一些大事的感受和体会，包括了雪灾、地震这样的自然灾害，包括了奥运会、神舟七号这样的对于中国有重大意义的事件，也包括了四月股灾和九月毒奶粉这样打击了中国人民信心的事情。而就在我正准备写这篇文章的时候，美国新一轮总统选举奥巴马当选，开历史先河，成了美国历史上第一位黑人总统。看来2008年中国和世界发生的事情还挺多，而且充满了变数，让人有点眼花缭乱的感觉。但我是一个不太关心大事的人，一提到大事就开始汗颜，觉得自己既没深入参与，也没认真思考，还是少说为好。

今年国际国内发生的很多事情都会对我们的生活产生深远的影响，这些影响并不是立刻就能见到的，但却会在潜移默化中长久地影响我们的生活。雪灾和地震让我们深刻感到了大自然的无情，也懂得了更加珍惜生命，懂得了在危难之际互相帮助的珍贵，很多中国人在抗震救灾的活动中，实实在在体会了一次无私和团结的涵义。我到地震灾区去了一个星期，心灵的震撼难以用语言来表达，我们一行人为灾民掏光了身上的每一分钱，又尽力而为在新东方发起了捐款活动，前前后后捐了近两千万，但依然觉得能够为灾区做的事情太少太少。

我是北京奥运会热烈的拥护者，尽管我本人感兴趣的体育项目非常有限，但我依然为每一个冠军和每一个失败但坚持到底的运动员鼓掌欢呼。我并没有刻意去求得开幕式的票，但我的朋友联想集团的杨元庆给我送来了两张票，结果不光我看到了开幕式，也让我女儿经历了百年难遇的盛况，我们一起在开幕式上差点把嗓子喊哑，然后筋疲力尽在深夜两点回到家里，对于开幕式的壮观依然赞叹不已。后来又看了不少场比赛，在现场和在电视上，一次次被运动员们感动得热泪盈眶，也对刘翔的退赛充满了惋惜、同情和理解。在整个奥运会的过程中我天天念叨的就是千万别出事，等在电视上看完了闭幕式，终于和全国人民一起松了口气。神七要上天的时候，我刚刚从飞机上下来，等我坐上汽车时，离神七上天还有25分钟。我一边听着收音机，一边催促司机赶快开车，赶回家里看电视，到家门口离发射还有一分钟。如果电梯顺利，到达我住的11楼刚好能赶上，可惜中间电梯停了几次，上上下下了几个人，结果到家里把电视打开，神七已经升空了30秒钟，我遗憾得直跺脚。后来看到宇航员从神七走出来在太空行走，动作优美得让我自己都想飘起来。

继中国股市低迷之后，世界几十年都没有碰上的金融危机瞬间来临，把全世界人民都措手不及扫荡了一遍。很多人都给我打电话，问新东方和我个人损失了多少钱，还好我个人由于做新东方太忙，基本没在股市上投资，损失很小，看到有些朋友损失了不少财富，还暗暗为自己的老土感到高兴。到今天为止我还是那点农民心理，有了点钱恨不得挖个坑埋起来，这样的行为被朋友们嘲笑了无数次，所以我也在试图改变自己。很多人都说现在进入股市抄底的时候到了，但我由于把新东方的股票看得太重没有卖掉，现在想抄底也没有现金，新东方股票受金融危机影响，从七十多掉到了五十多，现在想卖也舍不得，只能作罢。想想还是踏踏实实把新东方做好才是正道，也就灭了自己炒股的念头。

三鹿奶粉事件发生时，我和大家一样感到气愤和痛苦，眼看着中国花了几千亿举行奥运会，在全世界面前塑造了光辉形象，又在一瞬间被几筒奶粉毁得一干二净，真是欲哭无泪。当一个国家里的某些人为了牟利可以把良知和良心都丢掉，连婴儿的生命都不重视，而且这样不顾生命的事情在这块国土上还经常发生时，我们所面对的不是一个事件，而是一个国家未来生存与死亡的考验，是对于一个国家的道德底线提出的严峻挑战。我们心疼但却无能为力，唯一能做的就是呐喊几声，并力所能及地谴责和抵制这样的行为和产品。但从另外一个方面看，三鹿奶粉事件在真正意义上唤醒了人民和政府对于食品安全的意识。随着政府加大监管力度，我们真心希望未来这样的事件减少直至绝迹，我们也希望政府采取的行动能够使老百姓对政府和国家不断增加信心。

讲完了国内外的大事，还是讲讲个人的小事更加符合我的个性。2008年对于我个人而言，和往年并没有什么太多的不同，新东方依然是我工作和生活的中心，这似乎已经是命中注定的事情。其实有时候我会很讨厌新东方，在新东方待久了，一听到新东方就头痛。你想想，做一件事情做了近二十年，而且很多事情都是不断重复做，很多话都是车轱辘话重复说，到最后别人还没有烦呢，你自己就烦了。所以，如果有机会离开新东方，离开新东方的人，我就会很开心；但可惜这样的开心持续不了多久，很快我就会开始想念新东方，想念新东方的人，想念我那在新东方大楼一角的小小办公室。只要一回到新东方，就感到每一样东西都是亲切的，每一个人都是亲切的，恨不得去抚摸每一样东西，拥抱每个人。就这样周而复始，既痛恨新东方，又离不开新东方，这辈子算是被折腾进去了，像吸毒的人离不开毒品一样，痛苦而不能自拔。我有一个爬山的朋友和我说过这样的话，每一次爬到半死不活，被困在绝壁上饥寒交迫时，都下定决心远离大山，再也不爬了，但每次下山后回头看到云雾缭绕的山峰，便禁不住热血沸腾。我面对新东方也可以用同样的心情来描述。

在新东方我最喜欢做的事情是什么呢？我最喜欢做的事情是和员工、老师、管理者们喝酒。随着新东方的发展，大家平时见到我都变得毕恭毕敬，至少表面上是这样，至于他们背后是否骂我又不得而知。原来那些敢于当面骂我的元老们不少都退出了管理第一线，也不好天天闯到我的办公室来骂娘，结果我就变得很孤独了。但只要大家一喝酒，热闹劲就会上来。我是一个喜欢热闹的人，做新东

方的重要原因之一就是可以聚人，聚人主要不是为了事业，不是为了赚钱，而是为了热闹，因为想要一直热闹下去，就要通过做事业和赚钱来维持热闹。但后来发现事业做大了钱也赚了，却不热闹了，这就违背了我的初衷。所以，我要创造一些热闹的场面让大家热闹起来。我出生在农村，特别喜欢村庄的感觉，喜欢全村人红白喜事聚在一起喝酒的热闹，因此喝酒就成了调动新东方情绪的重要方法之一。2008年我喝了很多酒，几次喝酒比较畅快的记忆，一次是6月份和新东方的管理干部徒步蒙古希拉穆仁草原，大家顶着烈日走完了30公里路程以后，在黄昏的草原上大碗喝酒，大块吃烤全羊，唱歌跳舞骂娘，直到满天繁星，大家意犹未尽，一路高歌到达住宿地已经凌晨1点。还有一次是和新东方元老们聚会，我们来到长城脚下，住在一个小客栈里，刚好是阴历七月十五，月亮从长城上面爬起来，我们几个人一起回顾往事、感慨万千，不能自已，一醉方休。酒后击缶而歌，歌声响彻长城内外，和村庄里的狗吠声此起彼伏，直唱得泪流满面，和衣倒地而睡。又一次中秋十六，新东方在京机构中层管理干部聚会，在新东方旁边的江南赋饭店，一百六七十人，饭没吃人已醉，我醉眼朦胧看到大家兴高采烈的样子和摇摇晃晃的身影，内心充满喜悦，饭后大家又相约一起到颐和园南宫门边的运河桥上，赏月唱歌，直到明月西斜才四散而去。当然还有很多次这样的沉醉，令我回忆起来余味无穷，毫无疑问成了我愿意把新东方做下去的原因之一。

当然我还要喝很多不得不喝的酒，平均每个星期两到三次应酬喝酒，有时候也会喝得酩酊大醉，但却少有愉快的回忆。但有时候和新东方之外的朋友们一起喝酒，也能体现出喝酒的境界，发生一些让人啼笑皆非的故事。有一次我和一个知心朋友、某个报社的社长一起喝酒，酒后还要去某个网站做一个访谈节目，因为臭味相投，两人都喝得舌头转不过弯来，最后居然去做了两个小时访谈。对方一看我们话语不对，本来要直播的节目改成了录播，等我们酒醒了，对方让我们审稿，我被自己的讲话吓出了一身冷汗，语言大胆到了没有边际的地步，赶紧央求对方不要再发表，幸亏对方比较厚道，避免了一场口舌是非。从此凡是做节目之前，我再也不敢喝酒。

2008年，我在新东方兴起了一场徒步运动。本来这一运动是我个人的爱好，平时一个人待着，也没法参加集体体育活动，所以为了锻炼身体就只能经常一个人徒步，没想到在徒步中产生了很多感悟和体会。远距离徒步常常走到一半就走不动了，但半途根本就没法退出，因为往回走和往前走是同样的距离，而我选的路线又是汽车半途接送完全不可能的路线，所以在徒步中越来越体会到坚持的重要性，也体会到了人生只能向前不能后退的寓意。后来觉得这一感受对于新东方人十分重要，对于弘扬新东方精神尤其重要，就把徒步引入了新东方的各种培训和活动之中。每次只要是团体徒步，我都会尽量参加，一是可以增加团队凝聚力，二是可以鼓舞士气，三是我自己可以锻炼身体。2008年我参加了不下十次新东方的团队徒步训练，比如新东方第一期管理培训班环绕官厅水库徒步，第二期管理培训班穿越怀柔云蒙山大峡谷徒步，第三期管理培训班翻越妙峰山徒步，第四期管理培训班穿越四海水长城徒步，新东方高层管理干部穿越希拉穆仁草原徒步等。

由于榜样的作用，新东方很多机构把徒步变成了新东方的常规团队训练项目。当然，在徒步的时候也有过惊心动魄的经历。有一次一位新东方管理者体力已经不支，但自己一定要坚持到底，结果晕厥过去，幸亏当时离公路已经不远，我们背上她一路小跑，截住一辆汽车把她送到医院，最后在医生一番折腾下终于抢救过来，而我自己则已经被吓得冷汗浃背，面无人色。

2008年也是我独处时间比较多的一年。古人云人生四十而不惑，我今年已经46岁了，人生已经过半，很多事情需要想清楚了再做，因而要尽可能地给自己更多的时间思考。但当局者迷，关于自己的事情是很难想清楚的。这一年，我对自己需要解决的几大问题思考的比较多，尽管对于这些问题我还没有找到答案，但良好的思考是成功的一半。第一是新东方和我个人志趣之间的问题，第二是个人的成长的问题，第三是新东方作为一个企业的增长性和作为教育机构质量才是生命的问题，第四是如何平衡事业和家庭的问题。这四个问题在2008年不断进入我的大脑，要求我寻找答案，但显然答案是不容易找到的，所以至今我还在努力寻找。

新东方毫无疑问是我这生中最热爱的事业，我已经为她献出了接近二十年的生命，必将在未来继续为她贡献自己的汗水、热血和智慧。我始终相信新东方是值得做的一件事情，尽管有很多不完美，也被很多人认为不是真正意义上的教育机构，但新东方依然以自己的方式在为社会作贡献：提高中国学生的外语水平，激发人们的学习热情和生活热情，促进中西方文化交融。新东方本身就是个矛盾体，她浅薄却又深刻，浮躁却又坚定，短期却又长久，江湖却又庄严。

通过新东方，我实现了很多个人的理想，解决了家庭贫困，获得了做人的自信，但除了新东方，我还有很多的追求，是通过新东方不能实现的。我希望潜心读书，透悟世界，新东方占据了太多的时间；我希望徒步天下，体验生命，新东方占据了太多的空间；我希望不断成长，吐故纳新，新东方不断要求我重复做事；我希望养育孩子，享受天伦，新东方让我马不停蹄四处奔忙。所有这些矛盾，使我常常陷入痛苦和无助之中。此外，自从新东方在纽交所上市以来，各种数据的增长成了世界关注的焦点，而教学质量的提高和这些增长又没有必然的联系，甚至会形成两难状态。尽管这些问题我还没有找到答案，但我的心态是积极的，我知道答案一定会有，而且应该是两全其美的。也许所有的答案就在我心中，只是因为我还没有开悟，所以没有找到。就像禅宗的寓意那样，如果一个人悟到了，种田扫地也是人生最高境界，也许认认真真把新东方做好就是我人生的最高境界。

2008年还没有结束，冬天即将来临，看着深秋飘落的树叶，希望中国有一个平安的冬天，希望所有的老百姓过一个平安的冬天，也希望我自己、我的家人在这个冬天过得好，希望自己能够多喝几次快乐的酒，多和家人和朋友聚一聚，多读几本有益的书。另外，我喜欢雪，希望今年冬天北京能下几场大雪，把北京装点得更加美丽。总之，在经历了这么多事情之后，希望我们大家都度过一个平安的2008年的冬天。

梦想之旅又一年

又在路上

梦想之旅，每一年都要走；梦想之旅，每一年都在走。从2005年新东方“梦想之旅”开始以来，我们已经走了上百个城市，近百万学生聆听了新东方激情四射的演讲。也许我们走过的城市早已把我们遗忘，也许我们的声音早已随风飘散，但我们走过的每一个城市和每一条道路，我们进入的每一个学校和每一座礼堂，我们度过的每一个日日夜夜，都变成了我们刻骨铭心的记忆，同时也变成了我们生命不可缺少的营养。

几年来，新东方人养成了一种走在路上的激情和渴望。每当春风吹起，柳树开始冒出新芽的时候，我们的心也同时从冬眠中醒来，我们知道要上路了。为什么要上路呢？谁也说不清楚，也没必要说清楚，那是一种难以压制的强烈渴望而已。其实，当我们面对成千上万的学生，也并没有什么清晰的想法要给学生灌输什么样的理念和强加什么样的思想，我们只是把自己走在路上的渴望和梦想传递给学生。说到底，新东方要走向哪里，我们自己要走向哪里，谁能够说清楚呢？人类本身在走向什么结局都是一笔糊涂账。但有一点是清楚的，走在路上，为了那一点心灵中对于美好的追寻。正像《赢在中国》里的那首主题歌《在路上》一样："那一天/我不得已上路/为不安分的 心/为自尊的生存/为自我的证明/路上的心酸/已融进我的眼睛/心灵的困境/已化作我的坚定/在路上/用我心灵的呼声/在路上/只为伴着我的人/在路上/是我生命的远行/在路上/只为温暖我的人……"

于是，我们看到一个个学生跟着我们上路了，去追逐他们的梦想，去满足他们的渴望。有时候我能够感到，要走向哪里他们自己也不知道，但走在路上总比在原地踏步好，至少他们能够看到不同的风景。

友谊天长地久

参加"梦想之旅"的人大多是新东方创始人和新东方高层管理干部。尽管都在新东方工作，但平时的日常工作琐碎而繁重，大家为了完成业绩指标拼命奔忙，常常是离多聚少。所以，每年的"梦想之旅"就变成了新东方人相聚的时刻。这一刻大家暂时把手头的工作放下，把世俗生活中斤斤计较的心态放下，同坐一辆车出发。随着车轮的滚动，把一切烦恼甩在后面吧，不要让痛苦追上自己，不要让琐碎伴随自己。没有理由不高兴，前面有成千上万的学生在等着我们，可以预料到的一定是欢声笑语，掌声雷动。我们的讲座让学生高兴，我们自己从心底里更加高兴，与其说是传道授业，还不如说是自我实现。面对几千人的讲座，对于很多人是巨大的压力，而对于新东方人已经是家常便饭，人越多我们就越兴奋。

每经过一个城市就是一种不同的风景，中国的每一座城市都可以算是历史文化名城，往往不露声色地就有两千年以上的历史，对于我们这些半书呆子式的人物来说，还有比走进各个城市去品味历史，想象书中读到的东西就在你的周围或脚下，更让人兴奋的事情吗？当然，还有更好的事情就是吃。到一个城市就有一个城市的小吃。新东方人的特点，吃饭不爱上大饭馆，常常就是街边的小饭铺最能够吃到地道的小吃了，吃完嘴巴一抹，像一个农民一样骄傲而满足地踱步而去。

每一个城市的大街小巷里，或多或少都留下了我们这些人夕阳下或灯光中长长的身影。人与人之间的友谊就在这长长的身影里，越拉越长。王强、徐小平、包凡一、周成刚、陈向东、李杜、刘畅、强浩——一连串的名字，越来越多的人加入到了“梦想之旅”的队伍中来，在行走的路上，旧的友谊得以巩固，新的友谊生根发芽。

今年的梦想之旅路线

今年的“梦想之旅”路线分成了三条线。第一条线由陈向东带队，从宜昌一直走到滁州，经过十个城市；第二条线由王强带队，从嘉兴一直走到徐州，经过十个城市；第三条线由我带队，从张家口一直走到成都，经过十一个城市。由于工作和俗务缠身，我没有跟随第一、二路走，而是等到一、二路结束后带着新东方元老们走第三条线。

4月18日早上10点，王强、徐小平、周成刚和我准时在新东方大楼前面集合，车轮碾过繁华的北京城，沿着八达岭高速一路向西，翻越群山峻岭，穿过官厅水库，于中午12点半到达了地处蒙古高原边缘、进入北京门户的战略要地张家口。此时，北京已是桃花已谢、柳绿正好的晚春天气，而张家口的空气中还有着丝丝寒气，四周荒地连着荒山。不过难得的是，我们看到一株杏树上杏花正在瑟瑟开放，我们才意识到春天也离这里不远了。从这里开始，我们一路过去，要从张家口走向大同，从大同走向呼和浩特，从呼和浩特走向包头，从包头走向榆林，从榆林走向延安，从延安走向宝鸡，从宝鸡走向汉中，从汉中走向绵阳，从绵阳走向德阳，最后到达成都，结束第三路的全部行程。这一路我们从华北平原走向了蒙古草原，从蒙古草原走向了陕北高原，从陕北高原走向了秦岭山脉，穿越秦岭山脉走向了天府之国四川。沿途我们对三十多所大学和中学的十几万学生进行了演讲。

一路演讲

在张家口的第一场演讲是在河北建工学院。演讲场所设在正在新建的校园露天操场上。校园才建了一半，估计是资金缺乏，有点半建设半停工的味道，操场周围是一片混乱的建筑工地。3点钟开始讲座时，操场上居然来了近五千学生。张家口这个城市在大漠边缘，本身就已经显得苍凉，在我们演讲的时候，大风骤起，吹得话筒呼呼作响，天空黄沙和垃圾一起飞舞，使我们产生了一种错觉，好像不是在演讲，而是在一场金戈铁马的战争之前，面对士兵做战前动员。我们的声音越来越激昂，而学生们也越来越兴奋，终于我们忘记了寒风的存在，忘记了飞舞的黄沙，眼前只剩下学生一张张天真可爱但却隐含坚忍的笑脸。第一场讲座奠定了我们讲座的基调。我们知道一路过去，大部分城市都在不够发达的地区，学生们很少能够听到外来的声音，因此我们决定用全部的力气，把这一路讲好。

在讲第三路之前，王强已经在第二路讲了三十几场，已经有点筋疲力尽的感觉，但走上蒙古高原这块生他养他的土地，他再次兴奋起来，每天两到三场讲座，一路激昂亢奋，到达宝鸡时终于支撑不住，在讲台上被直接送进了医院。但第二天依然坐车四百公里继续演讲，依然每天两场讲座，直到成都结束。后来他回到家里休息，一个星期后我给他打电话，他还在床上没有能够爬起来，真是累惨了。

徐小平从张家口第一站开始，就要求由原来每天一场变成每天两场，这样可以多讲一点，多分担一点大家的劳累。他从大同开始就嗓子嘶哑，依然一直讲到整个旅程结束，其中最感人的是把他自己的经典歌曲《留学生涯》认真做成了MTV，把讲和唱结合了起来，每到一地都引起学生的轰动狂喊。

就这样一路演讲过去，我们好像又回到了十多年前的创业岁月，互相鼓励，互相感动，一路向前，不问终点。在榆林这样一个四面都是黄土高坡的地方，学生几乎就像刚从地里干活回来的样子，因为到处都是土，衣服一穿就脏，因为缺

少水，人们又舍不得洗。我们被学生的朴实感动，在空阔无边的操场上一下子讲了接近四个小时。在延安大学窑洞前的广场上，面对一万多学生，我们十分虔诚地走上演讲台。六年前，新东方也曾经在这里举行过青春学习行动大型演讲，那一天早上下雨中午下雨，唯独我们演讲的三个小时滴雨未下，我们当时就觉得这是一片神奇的土地。而这次我们又遇上了神奇的事情，本来延安的天空一片晴朗，白云飘飘，让我们想起了“解放区的天是晴朗的天”；但在演讲开始后，天空突然狂风大作，漫天飞沙。我们悚然而惊，也许我们演讲中反复强调的延安精神感动了上苍？也许我们不慎的言行得罪了在天之灵？两天后我们才得知是遇上了难得的沙尘暴天气，沙尘暴从蒙古高原一直横扫到了天府之国，我们走到成都时，市政府还在用人工降雨把天空的灰尘清理下来。

在绵阳和德阳，我们进入了汶川地震的核心地带，记得去年我在德阳面对东汽中学从废墟中幸存下来的几百个学生时，除了无语凝噎，真不知道用什么语言去安慰那些受伤的心灵。今年我们到达绵阳、德阳时，看到了两座整洁漂亮的城市，地震棚在城市里已经了无踪影，但我们知道地震的伤害依然深藏在人们的内心。在绵阳西南财经大学天府学院和德阳四川职业技术学院演讲时，我们更加动情地讲述着面对困难的坚定、面向未来的勇气，以及永不言败的精神。上万个学生围绕着我们的演讲台，每听到一句振奋人心的话语就掌声雷动，使我们更加相信，经过地震灾难洗礼的这一代人，内心已经拥有了一种永远震不垮的精神。

一路心情

从桃红柳绿的北京到风沙弥漫的高原，从连绵不绝的阴山山脉到处处翠峰的太白秦岭，从血色落日的黄河岸边到曲折奔流的嘉陵江畔，我们一路三千公里的穿越，也体会了三千公里的心情。在张家口演讲完毕连夜赶到大同，结果司机错把大同县当成了大同市，下了高速路越走越窄，结果迷失在了四面原野之中，而难得光顾这片干旱之地的春雨却在此时瓢泼而下，把我们迷失的心情浇得淋淋湿湿，最后好不容易找到一辆当地的小面包，在午夜时分把我们曲曲折折地带到了灯光灿烂的大同市里。在荒野上挣扎了几个小时之后，顿时感到城市的灯光自有一份温馨。

在从大同经呼和浩特到包头的旅程中，王强一直掩饰不住越来越兴奋的表情，因为离他的出生地包头越来越近。看着远处阴山山脉的轮廓，他脸上露出凝重的神情，因为他个性中的某种特质——桀骜不驯和宁折不弯，和这座他从小一直面对的大山有着密不可分的联系。在包头这座草原城市里，有一个叫做南海的湖是这座城市的明珠，而王强中学时的一个同学正好负责管理这一地区，于是在王强的邀请下，我们一起直奔南海，抵达时发现有近二十个王强中学时期的同学在那里列队迎接。在绕湖一周之后，我们享受到了春天来临湖面解冻之后的第一批鲜鱼。因此，在包头随后的四场讲座中，我们讲得尤其卖力。在讲座结束后，王强独自去赴同学聚会，而我们则在包头空旷的草地上大吼歌词记不全的蒙古歌曲，直到半夜两点王强酩酊大醉而归。

在从榆林奔赴延安的路上，我们看到血色的夕阳在沙漠上空燃烧，最后的光芒从云层喷薄而出洒向苍茫的大地。我们把车停在路边，坐在沙漠的边缘看着落日慢慢滑落到高低起伏的沙包那一边，随后黑夜降临，我们继续赶路。当我们从颠簸的昏睡中醒来在路边休息时，环顾四周没有一点灯光，一抬头却发现满天繁星在天空闪烁，那么晶莹剔透，一尘不染。有多少日子我们已经没有看到这样的星星了？有多少日子我们已经没有仰望星空，去体会康德所说的比满天繁星更加深邃的是我们内心对于道德的敬畏了？那一刻我们抬着头凝固在那里，让满天的星星像流星雨一样落下，在每一座山，在每一条河，在每一双眼睛里。

在从汉中走向绵阳的路上，我们看到前面的路标有“诸葛亮墓”的字样，凭着有限的历史知识，我们知道这就是诸葛亮最后一次出祁山壮志未遂身先死的地方，于是我们挤出时间走下高速路，为的是能够去墓前鞠一下躬，表示一下我们对这位鞠躬尽瘁死而后已的伟人虔诚的敬意。平时总带有一点调皮和玩世不恭的徐小平，在诸葛亮墓前也变得十分肃穆和充满敬意。我们恭恭敬敬地在墓前上了三支香，带着重新拾回的一份使命感和责任感离开墓园，然后顺着崎岖的国道颠簸前行，费尽周折到达蜀道剑阁，来这里只是为了一睹传说中"一夫当关，万夫莫开"的剑阁雄姿，却让人失望地发现关楼由于地震已经倒塌，到处都是废墟残垣。但剑阁小镇上做的豆腐却出奇地好吃，我们一行十几个人花了二百元钱就吃了一顿美美的豆腐宴，剑阁终于给我们留下了美好的回忆。就把对于剑阁雄姿的期盼留到下次吧，离开时我们看到当地人民正在挥汗如雨地抢修这一充满了历史记忆的古迹。

在我们去德阳的路上，大家都希望去看一下地震后的遗址。离德阳最近的遗址是汉旺镇，因为地震时很多学生被压在废墟下，这一地方留下了绵绵不绝的悲伤。新东方志愿者援助的学校就是汉旺镇的东汽中学。去年地震后我走进了重灾区蓥华镇、红白镇，又走到广元的青川，一路上地震带来的灾难和人民所承受的痛苦已经让我心灵颤抖不已，所以这次有点不再想走进灾区经历一次震荡。但王强和徐小平都没有去过灾区，于是我们又一起走进了汉旺镇。在汉旺镇的钟楼前，我们发现指针还是下午2点28分，正是在去年5月12日的这一刻，地震在震塌人们房子的同时，也震醒了全国人民众志成城万众一心抗震救灾的决心和精神，而这一精神使全国人民在灾难之中看到了祖国和民族的希望和未来。我们一起穿过没有多少行人的小镇，两边全是被遗弃的危房残楼，没有一个人愿意多说一句话。走完小镇，我发现王强和小平的眼睛里早已噙满泪水。危楼的旁边，春天的野花正在迎风开放。小镇外面的工地上，各种援建工程正在热火朝天地进行。地震总会过去，也许人们的记忆也会淡忘曾经的痛苦，不淡忘又能怎样呢？逝者已逝，生者只能选择坚强。

当天晚上的德阳演讲是我们“梦想之旅”的最后一站，我能感到王强、小平把那一份含着眼泪的激情完全融化进了讲座之中，而我也用嘶哑的声音把我对于生命的追求和感悟，把我对于学生的感激和热爱，融进了呐喊之中。

尾声

德阳演讲结束后，我们驱车向成都出发，到达住宿地已经午夜12点，在接近十个小时的激情演讲和旅途颠簸之后，大家已经筋疲力尽，神思倦怠。在过去的十天里，也许是因为知道前面还有路要走，也许是知道我们的使命还没有完成不能倒下，前后几千公里的奔波，几十场的演讲，大家一路互相鼓励，把劳累甩到了身后。在到达成都的这一刻，大家终于发现我们已经到了体力和精力的极限。明天，我们就要分手，车队司机开车返回北京，大部分人飞回北京，而我还要留在成都工作两天。

在十天的风雨同车之后，午夜在成都说再见变得如此艰难，于是小平提议到房间要一瓶红酒庆祝“梦想之旅”一路成功。在房间橘红色的灯光下，我们拿起倒满的酒杯一饮而尽，相约明年走更长的路，带给学生更多的思想，让我们自己的生命也因为行走在路上拥有更多的激情和梦想。“在路上，是我生命的远行；在路上，只为温暖我的人。”也许，这就是新东方人的命运——让我们在路上传播梦想！

叁 观点

随着80后的崛起，中国社会中有太多的东西将会受到挑战，我们原来理所当然认为属于父母和老师的权威正在受到挑战。80后是喜欢问为什么并怀疑一切存在的一代，他们在寻找这些存在背后的合理性，如果发现不了合理性，他们就会按照自己的理性来重建秩序。因此我们发现凡是对80后产生恐惧的人，很多是有着固定思维模式的权威，不太愿意使既定秩序改变的人。向权威挑战几乎成了80后的一个典型特征：用超女来覆盖端庄的正统歌手，用退学来对抗积极好学的学生形象，用自我来颠覆隐忍退让的社会态度，用创业来否定中国传统的官本位体制……所有这一切让我们感到不舒服的同时又不得不羡慕。当像我这样年龄的人看到任何官员都还习惯性地点头哈腰时，我看到80后在我身边昂首走过，让我无地自容，让我立刻产生了『沉舟侧畔千帆过，病树前头万木春』的感慨。

中国80后

1980年，我刚刚踏进北大，那年我18岁。今天，在1980年到1989年出生的那一大批人，被叫做80后，最小的18岁，最大的28岁，正值青春年少意气风发的年龄。想想在我上大学的时候刚刚出生，或者还没有出生的人，现在已经长大成人，姑娘们亭亭玉立，小伙们风流倜傥，我的第一个感觉就是自己老了。尽管从年龄上来说，四十多岁还不算老，干事情还算精力充沛，但站在80后面前，直接的感觉就是自己老了。第二个感觉是80后真是后生可畏，潜力巨大。从消极方面来说，不管80后是在什么环境下成长起来的，不管社会对他们的评价是正面的还是负面的，不管他们是真的没有出息还是真的有出息，反正他们在不断成长，我们会慢慢老去，不管我们愿意不愿意，世界是我们的，也是他们的，但归根结底是他们的。从积极方面来说，80后已经在中国历史舞台上崭露头角，从体育到音乐，从文学到科学，都已经出现了一些有代表性的人物，有些人甚至在世界上已经名声斐然，在未来一定会有更多的80后成为中国或世界举足轻重的人

物，他们必然会为中国和世界各个领域的发展做出重大贡献。尽管我们认为80后有这样那样的不足，但毫无疑问，他们一定会成为我们合格的接班人，因此我们可以放心地说，我们后继有人。

但是，的确还有很多人放不下心来。近几年来，讨论80后的话题和议论越来越多，大部分文章都在讨论80后的缺点，表达老一代人的担忧。从文章的标题我们就能够看出来这些担忧，比如《精神缺钙的一代》《解析80后集体浮躁症》《独生子女问题面面观》等。这些文章所讲的一些事实和例子确实存在，他们分析的现象也不是特例，因而搅动得整个社会都为80后担忧起来，觉得80后不仅仅会自己垮掉，也可能会成为使中国垮掉的一代。

这些担忧有没有道理呢？表面上看是有一定道理的。因为80后确实有着一些以我们的标准来看明显的缺点：他们更加以自我为中心，因此显得更加自私；他们更加不顾道德的约束，做着我们不太愿意接受和笑纳的事情；他们更加随意，比如对企业缺乏忠诚度，跳槽的频率远远高于我们这一代人；他们没有办法理解父母为了今天的生活所吃的苦受的累，所以不太珍惜现实，也不再像老黄牛一样，为了未来勤奋而努力地工作，甚至有些人依赖自己的父母而生活，因此被社会称为“啃老族”。所有这一切现象在80后中间确实存在，有的甚至证据确凿，使我们感到80后问题严重。但这些我们所看到的问题是否就证明了80后这一代人就是垮掉的一代，就是把祖先好不容易建立起来的中华文明毁掉的一代呢？

当然不是。实际上，我正是从80后这一代人身上，看到了新一代人和一个新的社会茁壮成长的必然趋势，也看到了中华文明和世界文明融合发展的未来。

我们先来谈一谈独生子女的问题，因为80后大部分都是独生子女，他们被父母宠爱，以自我为中心，什么东西都是以我为主，不懂分享，不太顾及别人的利益和感受，父母对他们的过分容忍养成了他们的霸王个性。这些缺点如果存在于某一个人身上，对这个人的危害确实很大，因为如果一群人都很无私，只有其中一个人很自私，这个自私的人一定会被大家排斥，失去在群体中生存的资格。但这种以自我为中心的缺点，如果成为了一代人的共同缺点，在整个社会中就会成为一种推动社会变革和进步的力量。

为什么这样说呢？我们设想一个简单的场景就行了。假如某个社会有十个人，他们除了在一起合作别无他法，这十个人中有八个人很无私，另外两个人很自私，因此在做事情时这两个人偷懒，在做完事情进行奖励分配时，这两个自私的人却因为自私抢先一步而得到了更多的利益。这样的情况出现后，一定会出现如下两种情况：一种情况是八个无私的人在忍受了一段时间后把这两个自私的人赶走；第二种情况是既然这两个自私的人必须在这个团队待着，其他八个人也就一定会变得自私或者通过各种手段去整那两个自私的人。中国从古代开始恰恰就是这样一个社会，中国的社会道德要求人们标榜自己无私，不管是真心还是假心都要做得像真的一样。但在一群人里面一定会有自私自利的人，君子只能和君子在一起才能保持君子状态，如果君子和小人为伍又没有办法把小人赶走，唯一的办法就是把自己也变成小人或者变成伪君子。历史事实证明了大部分人最后都把自己变成了小人或者伪君子，因为这样做要比改造小人容易得多，也能够得到更多的利益。所以，一个社会如果既有无私的人，也有自私的人，并不能变成一个无私的社会，反而会变成一个虚伪而复杂的社会，这就是中国几千年的历史事实。

现在让我们继续讲故事，假如在这十个人组成的社会里，每个人都直截了当主张做事情要以自我为中心，要保护自己的利益和感受，希望自己的利益最大化，最后会出现什么样的结果呢？这十个人在做事情之前一定会坐下来先定规矩，把事情说清楚，你做什么我做什么，做完之后到底能够得到什么样的分配。既然大家在谈利益的时候没有心理障碍，那就绝对不会君子耻言利，一定会把话说得清清楚楚，并且既然大家都在为自己的利益而奋斗，因为怕自己吃亏，就一定会用契约的形式固定下来。这样一来，大家把事情说清楚之后各司其职去做事情了。在一个社会之中，如果所有的人都以自我为中心而又不能一个人独得好处，那这群人就会设立一种制度来解决自己的困境。社会是一个有着自我纠错功能的组织，一定会纠正到整体上所有人最适合的生存状态。中国传统社会的很多问题都是因为大家希望自己是君子，因此一开始不把事情说清楚，结果事后算账常常一塌糊涂，导致中国文化出现了太多表面一套背后一套、先君子后小人的虚伪。80后的这一代人，最大的缺点可能是以自我为中心，互相之间的相容性不够，但也恰恰是因为如此，他们受传统习俗和道德约束较少，使得他们敢于坦率直言他们的利益和需求，为了使他们互相之间能够避免伤害，更好地生活下去，他们一定会创造出一种新的透明的社会分配机制和交往机制，达到其中大部分人都满意的状态。这中间也许要经历一些混乱和痛苦，但最终一定能够达到有序状态。中国现在法律制度和社会保障制度的不断完善，和80后进入工作领域后为了维护自己的权益而进行的斗争有着密切的关系。我们不能不说这是一种社会的进步。所以，我个人坚信，中国几千年文化中的虚伪面，会在80后这一代人手中终结，代之而起的将是一种透明的、直截了当的、把分工和利益预先说清楚的更加简单明了的做事文化。

80后的一代人在中国改革开放的环境中长大。改革开放最大的特点之一是向世界开放，开放的结果必然是互相流动，这主要体现在西方文化、社会习俗、甚至是饮食习惯开始流进中国来，而中国人开始流出去，去留学、考察、观光、做贸易。先是表面的流动，然后逐渐进入更深的层次，从知识方面、精神方面和文化方面开始流动。在这种流动中，中国几千年固有的传统文化开始受到冲击，无数的人都在担忧中国在这种冲击下从文化到传统都面临致命的影响。因为从表面上看来，西方文化是如此的强势，中国文化似乎不堪一击，甚至有人开始呐喊要中国重新把门关上。我们不止一次听到有人说，中国学生出国留学是西方社会收割了中国的人才。但我们回顾一下历史就知道这种观点是多么的错误。清朝闭关自守了近两百年，也没有看到出了多少英雄人才，反而被西方社会打得稀里哗啦，没有还手之力。中国近一百年的进步和发展，反而常常和留过学的人连在一起，从詹天佑到钱学森，从孙中山到邓小平，都是在海外受过教育的人，回到中国为祖国带来了新科技和新思想。

再回顾一下整个世界历史，我们不难发现任何一个文明的繁荣都和文化交流和融合紧密联系在一起。古希腊罗马文明的兴起来自于埃及文明、印度文明和其自身文明的结合。中国唐朝的繁荣和各种亚洲和西方文明的交流有着密切的关系。今天的世界放眼望去，有哪个国家在真心实意接纳和吸收世界上的先进科技和文明？毫无疑问是中国。我到美国去的感受是美国人开始抱着极其严重的自我封闭态度来看待世界，因此我们也就可以预料美国的文明已经走到了顶点，未来的一路最多持平，可能还会逐渐衰退；而中国文化在世界文化融合的刺激下，正在以强势的上升力量发展，中国人民对于世界的心态十分开放。由此可以预料，未来世界上文化最繁荣、最有活力的地方之一就在中国。

真正能够把中国文化中的精华和西方文化中的精华融合在一起，并娴熟运用于社会和生活的一代人，正是80后。

以上所描述的一切需要什么样的人来完成呢？恰恰是我们这里所说的80后。邓小平为中国人民带来了改革开放的曙光，我们这一代人把改革开放向前推了一把，但由于受传统的约束推得扭扭捏捏。真正能够把中国文化中的精华和西方文化中的精华融合在一起，并娴熟运用于社会和生活的一代人，正是80后。80后没有太多的传统和道德上的负担，因此轻装上阵，很愿意变革自己同时变革社会，因此比我们更加容易走向世界和接纳世界。也许我们刚开始时会看到泥沙俱下的状态，因此生出很多担心。但这正像大江奔流，一定会浊浪滚滚，一旦流入宽广的大海，必将会出现蓝天碧海的局面。80后这一代，从出生开始就接受世界性的信息，从高中开始就到世界各地留学，他们将是未来真正的世界人。我们很多人担心中国传统文化因此失传，其实大可不必担心，中国文化五千年的根基，如果这么容易就被西方文化洗涤掉，那这种文化不要也罢。但事实是在西方文化进入的同时，中国文化也越来越受到人们的重视和应用。易中天和于丹的走红就是证明。大家难道没有注意到，保护中国环境、中国名胜和中国文化参与最积极最主动的人群就是80后吗？

随着80后的崛起，中国社会中有太多的东西将会受到挑战，我们原来理所当然认为属于父母和老师的权威正在受到挑战。80后是喜欢问为什么并怀疑一切存在的一代，他们在寻找这些存在背后的合理性，如果发现不了合理性，他们就会按照自己的理性来重建秩序。因此我们发现凡是对80后产生恐惧的人，很多是有着固定思维模式的权威，或不太愿意使既定秩序改变的人。向权威挑战几乎成了80后的一个典型特征：用超女来覆盖端庄的正统歌手，用退学来对抗积极好学的学生形象，用自我来颠覆隐忍退让的社会态度，用创业来否定中国传统的官本位体制——所有这一切让我们感到不舒服的同时又不得不羡慕。当像我这样年龄的人看到任何官员都还习惯性地点头哈腰时，我看到80后在我身边昂首走过，让我无地自容，让我立刻产生了“沉舟侧畔千帆过，病树前头万木春”的感慨。

大家都担心80后没有吃苦精神，面对失败不能承受。可是我看到很多80后在创业失败后却一甩头轻松走开，又开始了新的创业历程。他们甚至不允许别人让自己看上去像个失败者，常常在老板炒他们鱿鱼之前，他们就炒了老板的鱿鱼，表面上的薄情恰恰证明了他们在轻装上阵快速前进。尽管我作为老板之一，也被80后炒过鱿鱼，但我仍然要对80后唱赞歌，因为我从他们身上看到了我正在失去的青春活力，从他们身上看到了另一种未来的大气和轻松，从他们身上看到了我们缺少的挑战精神和创新精神，更从他们身上看到了中华民族未来的新秩序和新文化。

我不否认80后身上还有很多缺点，有些缺点就个人而言甚至是致命的、无耻的。比如他们中间有些人自私、脆弱、挥霍无度，甚至无耻地啃老，但这样的情况在哪一代人身上或多或少没有呢？在他们成长的过程中，经过洗礼、淘汰，我相信80后整体上会比我们过去的任何一代人，都会更加健康向上地成长和发展。

十博士倡导抵制圣诞节

当初读到这个题目时我就觉得很奇怪，估计是给中国人过圣诞节这样一件事情扣大帽子的。再读了一下副标题——“走出文化集体无意识，挺立中国文化主体性”，果然是把中国人过圣诞节看成是和中国的文化和国家的命运息息相关的一件事情了。

把事情提到这个高度，就有点严重了。而且是十个博士提出来的，而且都是学哲学和教育学的博士。他们的忧国忧民心态跃然纸上，让人感动；但他们的立足点和眼光却让人担忧，很有点想要中国回到闭关自守状态的味道，并且不惜要求有关部门出面干涉，似乎只要有关部门一干涉，中国的文化就正了，前途就光明了。

其实，大部分中国人过圣诞节，并没有太多的宗教色彩。大家只是把这一日子看做是可以趁机开心和问候他人的日子，或者找个理由和朋友聚会的日子；同时，商家也把这个日子看做是推销产品的好机会。这个世界本来就够平淡和冷漠的了，多一些让人稍微感到有些不同的日子有什么不好呢？我从上大学开始因为外教的原因知道要过圣诞节，到现在已经度过了二十几个春秋，也过了二十几个圣诞节，也没有觉得自己就被圣诞节异化了。尽管耶稣是我尊敬的智者之一，但我从来没有去过教堂，也没有觉得圣诞节有太多的宗教味道。我觉得大部分中国人应该和我是一样的感觉。如果说因为圣诞节是西方传过来的，就对中国文化有巨大的伤害，那我们需要修改的节日就多了，比如元旦也是西方传过来的，也和耶稣有关；还有礼拜日，和基督教有关；还有五一国际劳动节，也和西方有关。这些节日我们引进了不也用得好好的吗？还有情人节，母亲节、父亲节，这些节日尽管是西方传进来的，但很有人情味，融入我们的生活有什么不好呢？

虽然这么说，但我并不排斥中国的传统节日。我一直认为中国的传统节日和自然的联系更紧密，和我的生命也更接近。小时候我在农村长大，由于每一个节气都和农业活动相关，我对于中国的节气到现在还十分熟悉。元宵节等着看灯笼和吃元宵，寒食节一天不能起火只能吃冷食，端午节口水欲滴等待母亲把粽子煮熟，清明节到附近的青山上踏青，看各种野草开始绿茸茸地长出地面，中秋节躺在院子搭起的门板上，看着月亮品尝一年只能吃到一次的月饼——这一切都变成了我生命中最美好的回忆，到现在我还保留着清明节爬山，中秋节赏月的习惯。

我对于中国的阴历和日常使用的公历同样有感情。我一直以为，中国政府在保持现有各个节假日放假的同时，应该增加中国传统节假日放假的制度，比如我上面提到的节日，都应该放假一天。这样做并不会损害中国经济的发展，反而会在两方面产生好处：一是推动了中国传统节日的传承和发展，免得像十博士这样的人急得抓耳挠腮但又想不出办法；二是让全国人民轻松几天，推动幸福指数的提高，有利于生产力的发挥。我在国外时，发现他们动不动就找理由放假，什么纪念日啦，或者职业工作者日啦，一放假就连中小学一起放。放假这么多，也没有看出来他们的国家有多落后，学生学习有多差。

如今这个世界是一个大融合的时代，新的文明一定是在融合后经历洗礼而产生。任何抵制和关门都是不管用的，任何部门的管制和个人的一厢情愿也是没有用的。中华文明的形成本来就得益于外来文明的融合，如唐朝文化的昌盛和佛教传入中国密切相关，而清朝是典型的草原文明和定居文明的融合，使中国的疆土前所未有地广阔。几千年来中国四周的夷狄戎蛮（这些最初的贬义词在我看来都成了褒义词）等和汉族的交往，也为中华文明增添了无穷的光彩。再来看西方文明的发展，也是不断融入了新的文明血液的结果。从最初的埃及文明、美索不达米亚文明，到希腊文明、罗马文明、基督教文明，一次次文明的融合和洗礼，才有了今天的西方文明；基督教最初是犹太人的宗教，后来被西方各民族所接受，也没有听说西方各民族就失去文化根基了，德意志民族和法兰西民族依然以自己的民族为骄傲。相反，清朝后期，为了阻挡西方的进入，中国闭关自守了上百年，结果差点把中国守没了；文化大革命期间，我们又闭关了几十年，结果又差点把中国人饿死；现在我们改革开放了几十年，从开放的第一天起，就有人担心天会塌下来。而实际上中国却越来越强大了，也正是因为我们强大了，我们才有了资格来讨论中国传统文化的复兴问题。

一封小小的倡议书，体现了中国知识分子内心的虚弱，也体现了我们对中国文化的不自信。

一封小小的倡议书，体现了中国知识分子内心的虚弱，也体现了我们对中国文化的不自信，因为只有内心不自信的人，才会对外来的种种东西具备戒心。这好比一个对自己没有自信的男人，好不容易找到了一个女朋友，就时时刻刻守着看着，任何男人靠近都害怕把自己的女友抢走，因此恨不得造一座坚固的没有窗户的房子把女朋友关起来。谁都知道这样做是留不住女朋友的。有自信的男人会把女朋友带到天涯海角，最后如果女朋友还愿意跟着他终生不渝，这才是经过考验的爱情。中国的文化应该放在世界的大格局中接受洗礼，如果在各种文化的冲击下，中国文化依然挺立世界，依然有着博大的胸怀来包容和融合其他文化，那才是真正大气的、有生命力的文化。

撇开宗教含义不谈，如果连一个小小的圣诞节我们都容纳不了，还要这中国文化干什么？而我本人对中国文化是充满信心的。目前，西方世界因为过去的成就而对于其他文化，包括中国文化，缺乏尊重和学习心态时，中国人民却正在以前所未有的开放心态迎接一个新世界的到来。因此，在中西方文明融合下的一种新的文明，一定会在未来的中国产生。而中国的传统文化和美德，也一定会更加发扬和光大。面对世界，我希望中国有足够的自信来说这句话，那就是高尔基所说的：让暴风雨来得更猛烈些吧！

（后记：本文写于2006年12月26日，写完这篇文章后一年多，中国政府就立法把一些传统节日定为法定节假日，如清明节、端午节和中秋节。）

为我们的年轻一代欢呼

——《立志要趁早》序言

一年又一年，新东方承担着一种说不清道不明的使命，把一批又一批学生送到国外去，尤其是到美国的各个大学去留学。自从1993年新东方成立起，到今天为止整整16年了，我们从来没有中断过这一使命，总觉得这是对于中国未来的发展最重要的事情。

留学事业对于中国的发展十分重要。从容闳留学开始，中国的每一次进步都和留学有着或多或少的联系。从詹天佑到孙中山，从钱学森到邓小平，每一次中国的进步，都和留学以及对于世界的了解密不可分。中国可以对于自己的文化自信，但如果没有对于世界的了解和超越，中国就永远没有办法引领世界发展的潮流。落后就要挨打，这是中国一百多年来深刻的教训，是我们切身的体会。为了以后的岁月中国再也没有屈辱，再也不会挨打，通过留学了解世界学习世界，然后把先进的思想和经验应用于中国的发展，应该是中国人民的最好选择之一。

越来越多的中国人都意识到现在的竞争，是一种在世界舞台上的竞争，而不仅仅是在中国舞台上的竞争。越来越多的人意识到了留学的重要性，人们清醒地认识到，中国人未来的舞台不仅仅在中国，而是在世界的每一个角落。

让人欣慰的是，现在的留学，和我们当初的留学有着本质的区别。上世纪80年代，我们的留学只是为了逃避贫困，当时的欧美国家的人民每天打工八小时就相当于中国人一个月的工资。上世纪90年代，我们的留学只是为了能够拿到国外大学的奖学金，不用自己花钱还能够拿到学位，学到知识，真是天上掉下来的馅饼。进入21世纪，人们的留学观念真正进入了终生思考的轨道。能够拿到奖学金到国外去读硕士和博士固然再好不过，但更多的父母和学生开始思考中国教育和国外的区别，开始思考尽管中国的教育体系很优秀，但如果和国际的教育体系，尤其是欧美的教育体系结合起来，是否能够促使孩子们更好地成长并走向成功。这一思考的结果是，中国的父母越来越具备国际眼光，越来越愿意摆脱中国高考的独木桥，把自己的孩子送到国外去接受更加先进、更注重创新的教育。

到国外去留学是需要经济实力的。中国的父母并不是很有钱，很多父母为了孩子的留学不惜砸锅卖铁，甚至把自己刚买不久的房子都卖掉，只是为了孩子有一个可能美好的前途。但也正是中国父母对于孩子的这份热切的爱，对于教育的这份热心，使中国人民薪火相传，保证了这个民族一代代的活力，和一代代的精神不灭。

现在的孩子们日益凸显他们的独立思考和奋发追求自己人生目标的能力。我在几年前就写过一篇赞美80后的文章，陈述了我对80后的看法：80后、90后及未来的00后，都凸显了我们这些老一代人没有的能力。他们更加独立，更加有自己的判断力，更加愿意把所有的事情都放到桌面上来谈，更加愿意主张自己的权利，更加愿意自觉地完善自己，更加愿意按规则办事。他们抛弃中国文化和习俗中恶劣的东西，把更加阳光的思想引入日常生活和工作——所有这些观点，无一不越来越被这些年轻孩子的实践所证明。我们总是认为这些年轻的孩子们没有思想，总是认为他们很自私。但事实证明我们总是错的。汶川大地震，活跃在前线的都是80后的身影；世界各地，我们总是看到他们在年轻的面孔后充满着成熟的思考。这本书里的作者都是年轻的孩子们，他们的思想，他们对于世界的看法，他们对于理想的追求和执著，让我们对后一代感到欣慰的同时，也感到一丝的内疚和惭愧。在这本书中，刘禹琦对于化学的入迷，周雪瑶对于艺术的爱好，赵一苇对于漫画的喜欢，袁瀚对于电影的痴迷，刘家彬在学习中的孤勇，李峭寒对于志愿工作的热心，陈励子对于文学创作的追寻，郭文煊对于美丽的不懈证明，邓炜对传递奥运火炬的那份自豪，李孟元对于世界的好奇——所有这一切都体现了新一代生生不息的生命力。这些年轻人不仅仅为他们的同龄人提供了榜样的力量，也可以让我们更加放心地放手，让年轻的一代更高更远地飞翔。

我终于意识到，中国的留学事业到现在才真正走上正道。也许我们过去的留学目的是不纯粹的，我们是为了物质财富而去，我们是为了摆脱贫困而去；但今天的孩子们，他们是为了理想而去，是为了生命的价值而去。让我们更加感动的是，他们为了祖国的前途而去。至少在我碰到的每一个准备留学的年轻人身上，都流淌着热爱这片生他们养他们的土地的鲜血。我曾经问过这些年轻的孩子们，他们留学毕业后打算在哪里继续他们的梦想，我得到的答案几乎是千篇一律的：回到中国，回到我们出生的土地，因为我们的希望，世界的希望，就在中国。

现在的孩子们日益凸显他们的独立思考和奋发追求自己人生目标的能力。

我赞美年轻的一代，不管是在中国读大学，还是到世界上其他国家去读大学，他们都是中国的希望，他们都是中国千年梦想的实践者。让我们骄傲地对世界说：我们是中国人！

读应非儿

读应非儿的《人生万事须自为，跬步江山即寥廓》，一个孩子的成长历程，以极其生动的方式展现在我的眼前，所有与成长相关的词：童年、少年、青春、梦想、美好、迷茫、痛苦、努力、奋斗等，不断在我眼前闪过，也使我沉醉于对于青春的美好回忆中。

应非儿的童年和少年是幸福的，之所以这么说是因为她的父母给了她一个自由的空间和选择的权利。她小时候学钢琴，父母就没有给她任何考级的要求，而这恰恰符合孩子们学习艺术的天性。我们很难想象贝多芬和莫扎特是因为钢琴考级考出来的伟大音乐家。谢天谢地那个时候还没有钢琴考级这个概念，学习钢琴只是因为喜欢，只是因为琴声给孩子们带来了天籁般的快乐。应非儿是幸运的，因为她的父母没有通过考级把她对钢琴的喜欢扼杀在摇篮里，同时她刚好又碰上了一位有艺术情怀的老师，老师的艺术气质奠定了她所有艺术美感的基础。到此时为止，种子已经在她的心里，遇到适当的时机就会发芽成长，以后在应非儿身上发生的一切也成必然。

孩子的成长和植物的成长一样，需要有如下三个条件：自身成长的愿望、宽松的环境、阳光和雨露的滋润。在应非儿身上，我们看到这些因素在恰当的时候都出现了。其实，任何一个孩子都是有强烈的成长愿望的，我们可以把这种愿望叫做梦想。这种成长也是一种好奇心的展现。一路走来，应非儿对于中国古典诗词的兴趣、对于古筝的兴趣、对于中国古代绘画的兴趣等，表面看是各自独立的，实际上却紧密相连，这都源于她身上从小培养出来的艺术气质，而后来的学习又强化了她的艺术气质。归根到底，这种气质来自于她父母给她的宽松环境。对于一般的父母来说，很容易把孩子的兴趣和好奇心给扼杀掉，很多父母在孩子进入高中后，不允许孩子选择学习古筝等被认为没有用的乐器，而事实上恰恰因为应非儿的古筝学习使她在高中有了自己的定位和自信，并找到了自己兴趣的方向。她对于古诗词的兴趣、对于中国古代绘画艺术的兴趣，在高二写小论文的灵感，都是父母允许她随兴趣自由发展而产生的结果。在此基础上，学校提供的学习环境（北大附中传承了北大的人文氛围），同学之间的互相交流，老师的鼓励和要求，就像阳光雨露一样使应非儿的艺术之苗茁壮成长，并最终把她送进了中国艺术的殿堂之一中央美术学院。

从应非儿身上，我看到了中国少年一代的希望。

当然最重要的还是她自己。在应非儿身上我们可以明显地看到几大出色的能力。第一是梦想的能力。她从小就是一个特别热爱生命的人，热爱音乐可以说是热爱生命的一种表现形式。有对生命的热爱就会有梦想，梦想高于生活现实同时又要通过很现实的努力去获得。应非儿的一系列爱好都源自生命中梦想的动力。

第二是选择的能力。中国的教育现实往往是和孩子们的梦想背道而驰的，这在应非儿身上也体现得很明显。在进入名牌大学还是按照自己内心的呼唤进入专业学院之间，她也做了很长时间的挣扎，但是幸好她的父母尊重并支持她的选择。因此她从小就有了这样的选择能力，这种主动能力是一个人未来有所成就的重要品质。

第三是她开阔并且富有联想的思维能力。从古筝进入古诗词，从古诗词进入中国传统绘画艺术，又把三者结合起来，形成初步的艺术思考体系，从这一体系生发开去，我们可以想到，未来应非儿会在艺术方面形成更多更有创意的思考。

最后也是最重要的，应非儿有认识现实的能力。应非儿在追逐自己的梦想时，对于现实有很好的认识，这是她过去成功也是未来成功的基础。她充分认识到了高考对于一个人未来的重要性，因此并没有因为对于艺术的爱好而放弃其他学科的学习，这让她既有了和同龄人同甘共苦的时代感，又有了扎实的学习能力和知识基础。任何抛开现实在乌托邦里面追逐梦想的人，最后一定会沦为虚妄之人。

从应非儿身上，我看到了中国少年一代的希望。他们能够把握自身命运，有追逐自己梦想的勇气。我们常常抱怨中国的独生子女，抱怨他们自私、依赖心重、缺乏自我成长能力。但所有这一切都不是孩子们的问题，而是这个社会的问题。如果给孩子们一个良好的环境，就像应非儿的父母所做的那样，我们没有理由不相信孩子们会像天使一样地成长。这正是我对中国教育的呼吁：让我们还给孩子们一个自由成长的天空吧！

有人爱、有事做、有所期待

周华是我大学同宿舍的同学，我走进北大的第一天，在宿舍里见到的第一个人就是他。

今天的周华已经风度翩翩，有着成熟和成功男人的魅力；但当时的周华，只是来自北京昌平南口镇的一个很土的小男孩，一个充满了梦想，但却不知道梦想在什么地方落地的青涩少年。他家是部队出身，最常见的就是他穿着旧军装的身影。

我最深刻的记忆是在大学第一学期的时候，有一天我坐在床边对着窗外发呆，从农村来到大学的我，普通话说不好，学习成绩跟不上，当秋叶在窗户外面的杨树上瑟瑟飘落的时候，我心中也充满了忧伤，情不自禁地叹息一声：“我真的好想家，好想回到农村啊。”周华刚好在宿舍，默默递给我一个苹果，说了一句“面包会有的，一切都会有的”。

在大学生活中，周华有两件事情让我记得最清楚：一件是他总是在背诵一本叫做《A Man Who Escaped》的中级英语教材，不断地背，不断地高声朗读，结果到了滚瓜烂熟的程度，逐渐成为我们班口语最好的学生之一。我后来开始背《新概念》课本，部分意义上是受了他的影响。第二件事情是他会拉小提琴，因此在班级联欢或者系里联欢的时候总有他演出的身影，这也让我这个任何乐器都不知道怎么拿的人羡慕不已。当时我们的宿舍楼和女生宿舍楼挨得很近，楼道尽头的那个窗户就对着女生宿舍楼的窗户，周华就经常到那个窗户边上去拉小提琴，大概是为了吸引女生的注意，可惜好像没有太成功，有的时候还会被女生吼一声："能不能不拉了！"当时北大风靡自己抱着个吉他唱歌，周华不久也转向了吉他，最后自弹自唱成了一把好手。

我在北大是一个随波逐流的人物，在成绩上不优秀，也没有太多的动力去追求优秀。但周华不一样，他的自制能力很强，规定了学习目标就一定要设法完成，睡觉起床都特别有规律，凡是想学会的东西都很专心地去学，结果他在大学期间英文水平直线上升，到大学毕业的时候已经是我们班英语水平的佼佼者，毕业后也成了我们班第一个出国读书进修的人（女同学嫁到国外的除外）。而且，他在文艺方面体现了出色的才能，当我在北大连皮鞋还不知道怎么穿的时候，他就能够很自如地出入周末北大的各个舞场，用优美的舞姿来吸引众多美女的眼球了。

到我们大四的时候，中国已经开始向世界迅速开放，物质生活的力量开始渗透到了大学生活之中。我记得我们班有一个同学，从日本弄回来一个随身听，配

了立体声耳机。当时我们还第一次见到这么小的耳机，然后他就把耳机塞到我们每一个同学的耳朵里，美妙的音乐声就从耳机里流到我们的耳朵里，让我们惊为天籁。北大本来是一个学习的世外桃源，学生们除了泡

图书馆，天天讲着一些尼采、叔本华之类的言论，还有就是谈纯情的恋爱了。但随着物质生活的渗透，大家的眼睛也开始看到了外部。由于我们是学习英语的，得风气之先，会谈论一些物质生活的话题。记得有一次在宿舍，我说我最大的愿望是拥有一辆崭新的永久牌自行车，结果周华说，他的愿望是未来拥有一辆保时捷汽车，当时我记得我的反应是张大了嘴合不拢的感觉，觉得这是一个几辈子都不能实现的梦想。

我没有想到他在大学的那一句话，原来不是信口胡说，而是确实表达了心中的一个梦，这个梦伴随了他这么多年，一直没有褪色，到今天依然在推动着他的生命前行，当然他这个梦已经升级，现在变成了波音737商务飞机。

现在的周华，在大学毕业25年的奋斗之后，不仅仅已经拥有了汽车，而且已经拥有了在价钱和品质上都超过了保时捷的宾利汽车，当然更加拥有了一份比汽车更值钱的事业。今天的我，尽管还没有买过保时捷或宾利，但也拥有自己奋斗的平台——新东方，一个让人兴奋和充满期待的地方。

自从大学毕业分开之后，我和周华除了偶尔联络之外，没有见过几次面，大家都各奔东西忙着自己的事业和家庭，在渴望成功的驱使下，拼命工作和寻找机会。我一直以为周华的成长之路会一帆风顺，因为他的才华，因为他的志向。在读完了他的这本《从自行车到宾利》的自传之后，我不仅掩卷叹息。首先，我没有想到他的成功之路也充满了艰辛，本来他可以在中国外交系统内发展，可以很体面地成为一个优秀的外交官或驻某国的大使，但他选择了辞职，然后自己创业，在澳大利亚没有资源的情况之下，卖过保险，做过直销，甚至身无分文过，但最后终于闯出了一条道路，成了澳大利亚房地产经营最出色的企业家；其次，我没有想到他在大学的那一句话，原来不是信口胡说，而是确实表达了心中的一个梦，这个梦伴随了他这么多年，一直没有褪色，到今天依然在推动着他的生命前行。当然，他这个梦如今已经升级，变成了波音737商务飞机。

其实，重要的不是钱，也不是由穷变富的过程，更不是富了以后告诉大家我富了。在周华身上体现的是一种不服输的精神，这种精神在大学的时候就存在，一直延续到今天。周华常说一句话："改变了人的思维，就改变了人生。"他帮助很多朋友寻找到了更好的生活，增加了很多人对于自己的信心。他说，把人的大脑的程序改变了，人的行为自然就变了。他变了，我也变了，我们的长相除了变老一点，没有改变太多，我们改变的是我们的思维，是我们的大脑程序。

周华很喜欢三句话：有人爱、有事做，有所期待——他有人爱，爱他的父母兄弟姐妹，爱他的妻子，他们也都爱他；他有事做，对把自己创业的公司做好有着无限的信心；他更有期待，期待有一天能够坐着自己的商务飞机来做自己的生意。我等待着这一天的到来，让我也能够搭乘他的私人飞机去周游世界。

肆

演讲录

在大学中，我们要做几件事：第一，把自己的知识结构打造完整；第二，要在大学里尽可能地多交朋友，因为你终生的朋友、合作者一般来自于你的大学；第三，如果有可能的话，在大学里谈一场比较专注的恋爱。回顾我在北大的学生生活总是一片灰色，为什么会是灰色呢？我想了一下不是因为成绩不好，而是因为在大学五年我从来没有过花前月下的恋爱时光，这成了我大学时代的遗憾。去年北京大学让我给所有北大新生做开学典礼演讲的时候，我给他们强调一句，什么都不重要，重要的是谈恋爱，而且谈恋爱也

不用害怕失败，因为自杀也自杀不了，未名湖就那么浅，跳下去还能爬起来；第四，为未来的工作做好打算。未来的工作跟你有多少朋友、跟你的专业知识是相关的。此外，还需要好好掌握一门专业，只要到熟练的程度，再差的专业也一定有人用。

北京大学2008年开学典礼致辞

各位同学、各位领导，大家上午好！

非常高兴许校长给我这么崇高的荣誉，谈一谈我在北大的体会。

可以说，北大是改变了我一生的地方，是我提升了自己的地方，是让我从一个农村孩子最后走向了世界的地方。毫不夸张地说，没有北大，肯定就没有我的今天。北大给我留下了一连串美好的回忆，大概也留下了一连串的痛苦。正是在美好和痛苦中间，在挫折、挣扎和进步中间，我最后找到了自我，开始为自己、为家庭、为社会做一点事情。

学生生活是非常美好的，有很多美好的回忆。我还记得我们班有一个男生，每天都在女生的宿舍楼下拉小提琴，希望能够引起女生的注意，结果后来被女生扔了水瓶子。我还记得我自己为了吸引女生的注意，每到寒假和暑假都帮着女生扛包。后来我发现那个女生有男朋友，我就问她为什么还要让我扛包，她说为了让男朋友休息一下。我也记得刚进北大的时候我不会讲普通话，全班同学第一次开班会的时候互相介绍，我站起来自我介绍了一番，结果我们的班长站起来跟我说："俞敏洪你能不能不讲日语？"我后来用了整整一年时间，拿着收音机在北大的树林中模仿了广播台的播音，但是到今天普通话还依然讲得不好。

人的进步可能是一辈子的事情。在北大也许是我们生活的一个开始，而不是结束。有很多事情特别让人感动。比如说，我们很有幸见过朱光潜教授。在他最后的日子里，是我们班的同学每天轮流推着轮椅在北大里陪他一起散步。每当我

推着轮椅的时候，我心中就充满了对朱光潜教授的崇拜，一种神圣感油然而生。因此，我在大学看书最多的领域是美学。朱光潜教授写了一本《西方美学史》，是我进大学以后读的第二本书。

为什么是第二本呢？因为第一本是这样来的，我进北大以后走进宿舍，有个同学已经在宿舍了。那个同学躺在床上看一本书，叫做《第三帝国的兴亡》，我就问他："在大学还要读这种书吗？"他把书从眼睛上拿开，看了我一眼，没理我，继续读他的书。这一眼一直留在我心中。我知道了进北大不仅仅是来学专业的，要读大量的书，你才能够有资格把自己叫做北大的学生。所以，我在北大读的第一本书就是《第三帝国的兴亡》，而且读了三遍。后来我就找这个同学去，我说："咱们聊聊《第三帝国的兴亡》？"他说："我已经忘了。"

我也记得我的导师李赋宁教授。他原来是北大英语系的主任，他给我们上《新概念》第四册的时候，每次都把板书写得非常的完整，非常的美丽。永远都是从黑板的左上角写起，等到下课铃响起的时候，刚好写到右下角结束。我还记得我的英国文学史老师罗经国教授，我在北大最后一年由于心情不好，考试不及格。我找到罗教授说："这门课如果我不及格就毕不了业。"罗教授说：“我可以给你一个及格的分数，但是请你记住了，未来你一定要做出我值得给你分数的事业。”北大老师的宽容、学识、奔放、自由让我们真正能够成为北大的学生，真正能够得到北大的精神。当我听说许智宏校长对学生唱《隐形的翅膀》的时候，我打开视频，感动得热泪盈眶，因为我觉得北大的校长就应该是这样的。

我记得自己在北大的时候有很多的苦闷。一是普通话不好，第二英语水平一塌糊涂。尽管我高考经过三年的努力考到了北大——因为我落榜了两次，最后一次很意外地考进了北大。我从来没有想过北大是我能够上学的地方，她是我心中的一块圣地，觉得永远够不着。但是那一年，第三年考试时我的高考分数超过了北大录取分数线八分，终于下定决心咬牙切齿填下了“北京大学”四个字。我知道一定会有很多人比我的分数高，我认为我是不会被录取的。没想到北大的招生老师非常有眼光，料到了30年后我的今天。但是实际上我的英语水平很差，在农村既不会听也不会说，只会背语法和单词。我们班分班的时候，50个同学分成三个班，因为我的英语考试分数不错，就被分到了A班，但是一个月以后，我就被调到了C班，C班叫做“语音语调及听力障碍班”。

> 北大老师的宽容、学识、奔放、自由让我们真正能够成为北大的学生，真正能够得到北大的精神。

我也记得自己进北大以前连《红楼梦》都没有读过，当看到同学们一本一本书在读，我就拼命地追赶。结果，我在大学差不多读了八百多本书，用了五年时间，但是依然没有赶超上我那些同学。我的班长王强是一个书癖，现在也在新东方，是新东方教育研究院的院长。他每次去买书我就跟着他去，当时北大给我们每个月发二十多块钱生活费，王强有个癖好就是把生活费一分为二，一半用来买书，一半用来买饭菜票。买书的钱绝不动用来买饭票。如果他没有饭菜票了就到处借，借不到就到处偷。后来我发现他这个习惯很好，我也把我的生活费一份为二，一半用来买书，一半用来买饭菜票，饭票吃完了我就偷他的。

毫不夸张地说，我们班的同学当时在北大，真是属于读书最多的班之一。而且我们班当时非常地活跃，光诗人就出了好几个。后来挺有名的一个诗人叫西川，真名叫刘军，就是我们班的。我还记得我们班当时是北大的优秀集体，但是有一个晚上大家玩得高兴了，结果跳起了贴面舞，第二个礼拜就被教育部通报批评了。那个时候跳舞是必须跳很正规的，稍微男女生靠近一点就认为违反风纪。所以，你们现在比我们当初要更加幸福一点，不光可以跳舞，而且可以手拉手地在校园里面走。我们当时如果男女生手拉手在校园里面走，一定会被扔到未名湖里，所以大家一般都是晚上12点以后再在校园里面走。

我也记得我们班50个同学，刚好是25个男生25个女生，当时我听到这个比例以后就非常兴奋，我觉得大家就应该是一个配一个。没想到女生们都看上了那些外表英俊潇洒、风流倜傥的男生。像我这样外表不怎么样、内心充满丰富感情、未来有巨大发展潜力的，女生一般都看不上。

我记得我奋斗了整整两年希望能在成绩上赶上我的同学，但是就像刚才吕植老师说的，你尽管在中学高考可能考得很好，是第一名，但是北大精英人才太多了，你的前后左右可能都是智商极高的同学，也可能是各省的状元或者第二名。所以，在北大追赶同学是一个非常艰苦的过程。尽管我每天几乎都要比别的同学多学一两个小时，但是到了大学二年级结束的时候我的成绩依然排在班内最后几名。我非常勤奋又非常郁闷，也没有女生来爱我安慰我。这导致我在大学三年级的时候得了一场重病，这个病叫做传染性侵润肺结核。当时我就晕了，因为当时我正在读《红楼梦》，正好读到林黛玉因为肺结核吐血而亡的那一章，我还以为我的生命从此结束。后来北大医院的医生告诉我现在这种病能够治好，但是需要在医院里住一年。我在医院里住了一年，苦闷了一年，读了很多书，也写了六百多首诗歌，可惜一首诗歌都没有出版过。从此以后我就跟写诗结了缘，我这个人有丰富的情感，但是没有优美的文笔，所以终于没有成为诗人。后来我感到非常的庆幸，因为我发现真正成为诗人的人后来都出事了。我们跟当时还不太出名的诗人海子在一起写过诗。后来他写过一首优美的诗歌，叫做《面朝大海，春暖花开》，我们每一个同学大概都能背。后来当我听说他卧轨自杀的时候，嚎啕大哭了整整一天。从此以后，我放下笔，再也不写诗了。

记得到大学四年级毕业时，我的成绩依然排在全班最后几名。但是，当时我已经有了一个良好的心态。我知道我在聪明上比不过我的同学，但是我有一种能力，就是持续不断地努力。所以在我们班的毕业典礼上我说了这么一段话，到现在我的同学还能记得，我说："大家都获得了优异的成绩，我是我们班的落后同学。但是我想让同学们放心，我决不放弃。你们5年干成的事情我干10年，你们10年干成的我干20年，你们20年干成的我干40年。"我对他们说："如果实在不行，我会保持心情愉快、身体健康，到80岁以后把你们送走了我再走。"

有一个故事说能够到达金字塔顶端的只有两种动物。一是雄鹰，靠自己的天赋和翅膀飞了上去。我们这儿有很多雄鹰式的人物：很多同学学习不需要太努力就能达到高峰。很多同学后来可能很轻松地就能在北大毕业以后进入哈佛、耶鲁、牛津、剑桥这样的名牌大学继续深造。有很多同学身上充满了天赋，不需要学习就有这样的才能，比如说我刚才提到的我的班长王强。他的模仿能力就是超群的，到任何一个地方，听任何一句话，听一遍模仿出来的绝对不会两样。所以他在北大广播站当播音员当了整整四年。我每天听着他的声音，心头咬牙切齿充满仇恨。所以，有天赋的人就像雄鹰。但是，大家也都知道，有另外一种动物，也到了金字塔的顶端，那就是蜗牛。蜗牛肯定只能是爬上去。从底下爬到上面可能要一个月、两个月，甚至一年、两年。在金字塔顶端，人们确实找到了蜗牛的痕迹。我相信蜗牛绝对不会一帆风顺地爬上去，一定会掉下来、再爬、掉下来、再爬。但是，同学们所要知道的是，蜗牛只要爬到金字塔顶端，它眼中所看到的世界，它收获的成就，跟雄鹰是一模一样的。也许我们在座的同学有的是雄鹰，有的是蜗牛。我在北大的时候，包括到今天为止，我一直认为我是一只蜗牛。但是我一直在爬，也许还没有爬到金字塔的顶端。但是只要你在爬，就足以给自己留下令生命感动的日子。

我常常跟同学们说，如果我们的生命不为自己留下一些让自己热泪盈眶的日子，生命就是白过的。我们很多同学凭着优异的成绩进入了北大，但是北大绝不是你们学习的终点，而是你们生命的起点。在18岁以前，你听老师的话、听父母的话，现在你真正开始了自己的独立生活。我们必须为自己创造一些让自己感动的日子，才能够感动别人。我们这儿有富裕家庭来的，也有贫困家庭来的，我们生命的起点由不得你选择出生在富裕家庭还是贫困家庭。如果你生在贫困家庭，你不能说老爸给我收回去，我不想在这里待着。但是我们生命的终点是由我们自己选择的。我们所有在座的同学过去都走得很好，已经在18岁的年龄走到了很多中国孩子的前面，因为北大是中国的骄傲，也可以说是世界的骄傲。但是，到北大并不意味着你从此大功告成，并不意味着你未来的路也能走好。后面的50年、60年，甚至100年你该怎么走，成为了每一个同学都要思考的问题。就本人而言，我觉得只要有两样东西在心中，我们就能成就自己的人生。

第一样叫做理想。我从小就有一种感觉，希望穿越地平线走向远方，我把它叫做“穿越地平线的渴望”。也正是因为这种强烈的渴望，使我有勇气连续三年参加高考。当然，我生命中也有榜样。比如我有一个邻居，非常的有名，是我终生的榜样，他的名字叫徐霞客。当然，是五百年前的邻居。但是他确实是我的邻居，江苏江阴的，我也是江苏江阴的。因为崇拜徐霞客，我在高考的时候地理成绩考了97分。因为徐霞客给我带来了穿越地平线的这种感觉，我下定决心，如果徐霞客走遍了中国，我就要走遍世界。而我现在正在实现自己这一梦想。所以，只要你心中有理想、有志向，同学们，你终将走向成功。你所要做到的就是在这个过程中要有艰苦奋斗、忍受挫折和失败的能力，要不断地把自己的心胸扩大，才能够把事情做得更好。

第二样东西叫良心。什么叫良心呢？就是要做好事，要做对得起自己对得起别人的事情，要有和别人分享的姿态，要有愿意为别人服务的精神。有良心的人会从他具体的生活中间做的事情体现出来，而且他所做的事情一定对他未来的生命产生影响。

我来讲两个小故事，讲完我就结束我的讲话，已经占用了很长的时间。

第一个小故事。有一个企业家和我讲起他大学时候的一个故事，他们班有一个同学，家庭比较富有，每个礼拜都会带六个苹果到学校来。宿舍里的同学以为是一人一个，结果他是自己一天吃一个。尽管苹果是他的，不给你也不能抢，但是从此给人留下一个印象，就是这个孩子太自私。后来这个企业家做成功了事情，而那个吃苹果的同学还没有取得成功，就希望加入到这个企业家的队伍里来。但后来大家一商量，说不能让他加盟，原因很简单，因为在大学的时候他从来没有体现过分享精神。所以，对同学们来说在大学时代的第一个要点，你得跟同学们分享你所拥有的东西，感情、思想、财富，哪怕是一个苹果也可以分成六瓣大家一起吃。你要知道，这样做你将来能得到更多，你的付出永远不会是白白付出的。

我再来讲一下我自己的故事。在北大当学生的时候，我一直比较具备为同学服务的精神。我这个人成绩一直不怎么样，但我从小就热爱劳动，我希望通过勤奋的劳动来引起老师和同学的注意，所以我从小学一年级就一直打扫教室卫生。到了北大以后我养成了一个良好的习惯，每天为宿舍打扫卫生，这一打扫就打扫了四年。我们宿舍从来没排过卫生值日表。另外，我每天都拎着宿舍的水壶去给同学打水，把它当做一种体育锻炼。大家看我打水习惯了，最后还产生这样一种情况，有的时候我忘了打水，同学就说“俞敏洪怎么还不去打水”。但是我并不觉得打水是一件多么吃亏的事情。因为大家都是同学，互相帮助是理所当然的。同学们一定认为我这件事情白做了。又过了十年，到了1995年年底的时候新东方做到了一定规模，我希望找合作者，结果就跑到了美国和加拿大去寻找我的那些同学，他们在大学的时候都是我生命的榜样，包括刚才讲到的王强老师等。我为了诱惑他们回来还带了一大把美元，每天在美国非常大方地花钱，想让他们知道在中国也能赚钱。我想大概这样就能让他们回来。后来他们回来了，但是给了我一个十分意外的理由。他们说："俞敏洪，我们回去是冲着你过去为我们打了四年水。"他们说："我们知道，你有这样的一种精神，你有饭吃肯定不会给我们粥喝，让我们一起回中国，共同干新东方吧。"于是才有了新东方的今天。

人的一生是奋斗的一生，但是有的人一生过得很伟大，有的人一生过得很平庸。如果我们有一个伟大的理想，有一颗善良的心，我们一定能把很多琐碎的日子堆砌起来，变成一个伟大的生命。但是如果你每天庸庸碌碌，没有理想，从此停止进步，那未来你一辈子的日子堆积起来将永远是一堆琐碎。我希望所有的同学能把自己每天平凡的日子堆砌成伟大的人生。

最后，我代表全体老校友向在座的三千多位新生表一个心意，我代表新东方把两百万人民币捐给许校长，为在座同学们的学习、活动和成长提供一点帮助。

度过有意义的生命

——在同济大学的演讲

同济大学的同学们，大家晚上好！

其实人活着就挺好，至于生命有没有意义另当别论。活着每天都会看到太阳升起来，每天都会看到太阳落下去。你就可以看到朝霞，看到晚霞，看到月亮阴晴圆缺，看到满天繁星闪烁，这就是活着的最美好的意义所在。

没想到同济大学的同学们把我如此“高大”的形象放在大屏幕上，这就是理想与现实的差距。所以，我相信同学们看到我的第一眼一定感到非常的失望。实际上，每一个人都是非常普通的。我们很多时候会发现自以为很重要的东西跟我们未来的幸福和成功其实没有太多的联系。比如，有人认为，相貌跟未来的成功会有很多的联系；有人认为，自己的家庭背景会跟成功有必然的联系；有人认为，上名牌大学的人会成功，在大学里成绩好的人比学习成绩差的人更加容易取得成功——所

有这些因素可能有部分是对的，但大部分基本无效，比如说相貌。如果说一个人的相貌和成功有关，那就不会有马云和阿里巴巴，因为如果在座的同学认为马云长得好看，那一定是审美出了问题。当然，这并不意味着相貌好看的人就做不成事情，比如说另外一位大家比较熟悉的百度老总李彦宏就长得很英俊潇洒，他所有的照片看上去都像电影明星一样。不管马云还是李彦宏都取得了成功，证明了相貌与成功无关。只不过李彦宏和马云坐在一起吃饭的时候，他们通常不太愿意坐在相邻的椅子上，因为两个人的对比到了惨不忍睹的地步，解决的方法就是把我放到他们两个中间，起到一个过渡的作用。像我这样相貌没有什么特点的人也做了一点事情。所以，不管是男是女，最重要的是自己内心世界的丰富，自己风度和气质的培养，自己胸怀的扩展以及对理想目标坚定不移的追求。随着年龄的增加，这些会慢慢变成你的智慧，所有这一切才是构成你成功的真正的本质。

那么成功和家庭背景有没有关系呢？我们常可以看到一些权贵富贾出身的人，他们一出生就含着金钥匙。我们可能会看到左边的同学穿着名牌服装，右边的拎着名牌皮包，前面坐着市委书记的女儿，后面坐着中央领导的儿子，而你可能就是一个来自普通工人或者农民家庭的大学生。有的时候你会心存不满，认为这个世界充满了不公平。但这个世界本来就充满着不公平，而很多不公平常常就在你我眼前闪现。你会说，这个世界怎么会对我这样？为什么他什么都有，而我什么都没有？我在大学里也有过这种心理。比如我的同学有部长的儿子、有大学教授的女儿，而我却是一个农民的儿子。三次高考后才走进了北京大学，穿着布衣挑着扁担走进去的。你会发现你总赶不上他们的状态，也没有他们的风度。你会觉得即使他们停下来一辈子什么都不做，他们所拥有的东西都比你多。但是，同学们要记住一个真理，生命总是往前走的，我们要走一辈子。我们不是只走大学四年，或研究生三年，我们要走一辈子，可能走到八九十岁。而那时，人生到底怎么样你是不知道的，你唯一能做的就是要坚持走下去。所以，我非常骄傲地从一个农民的儿子走到北大最后又走到今天。我的心态很平衡，但其实我走了很长时间，走了很远的距离。

当然，有的同学会说，你进了北大就已经很成功了。确实，北大增加了我很多成功的因素。北大读书气氛很浓厚，我读了很多的书，思维变得更加敏锐。北大有人文的环境，蔡元培的铜像就立在未名湖边上，但是每年进北大的有几千人，出北大的也有几千人，能够成功的到底有多少呢？事实上，北大学生成功的几率也许并不比任何一个大学的高。

> 成功并不仅仅是你的成绩所决定的，最重要的是你与社会打交道的能力、为人处世的能力、在各种混乱的人际关系中寻找机会的能力，以及你最后领导一帮人跟你一起创事业的能力。

大学时候的努力重要，但大学毕业后的努力更重要。如果考上大学就意味成功的话，那么也就没有马云了。我跟马云有很多相同的地方，他高考考了三年，我也考了三年，他考的是英语专业，我也考的是英语专业，第三年我去了北大，他去了杭州师范学院。我相信很多同学没听说过这个学院。就大学而言，我觉得我应该比他更加成功吧，但是非常不幸的是，从今天来看，阿里巴巴上市的市值就是新东方的三倍，而我除了做成一个新东方便什么都没了。马云除了阿里巴巴，还有淘宝网、支付宝。因此，你未来的成功和你上什么大学没什么联系。大学为你奠定了基础，但不能决定你的一生；一辈子能不能走出精彩，还得看你自己的造化。

到大学毕业人生也只过了四分之一，接下来的时间我们该怎么过呢？首先是一定要坚持活下去，因为你不活了就什么都没有了。不管你相信不相信来世，我始终相信今生今世就是我们最好的天堂。我最讨厌自杀或者他杀，我觉得这是对生命不尊重。有句话，叫做“好死不如赖活着”，从我40多年的人生经验来体会，你在那坐久了，说不定天上真的会掉下馅饼来，当然也可能掉下块陨石。但不管怎样，不要自我了断，生命中会有很多奇迹发生。假如杨振宁教授不活到82岁，他怎么知道还能结第二次婚呢？

同学们，人生总是要有份期待，哪怕是没有希望的期待。同学们可以看看历史人物的故事。比如说姜太公在河边钓鱼，一直等到了80岁那一年，周文王在他边上走过，发现这个老头用直的鱼钩钓鱼，跟他一聊发现老头很有智慧，于是把他带回去，两人一起打下了周朝八百年的天下。齐白石在50岁的时候还在做木工，根本不是个伟大的画家，他的所有伟大作品都是在80岁到90岁的时候完成的。所以，生命总有这样的现象，有的人在年轻的时候有作为，有的人中年时候有作为，有的人老年时候有作为。花儿总是在不同的季节开放，如果所有的鲜花都在春天开放完毕了，夏天、秋天、冬天没有任何的花儿开放，你还会觉得自然界是如此的美丽动人吗？如果人生所有的精彩都在大学里过完了，后面永远都是平淡，你觉得这人生会完美吗？换句话说，你大学里过得不那么精彩，毕业后却变得越来越精彩是不是更加好呢？事实证明，我们很多同学在大学里的成绩总是名列前茅，可是大学毕业后却怎么也做不出事情来了。这是因为在社会上，并不是成绩在起作用。成绩只能证明你智商比别人高，但并不能决定你一辈子就一定有出息。

成功并不仅仅是你的成绩所决定的，最重要的是你与社会打交道的能力、为人处世的能力、在各种混乱的人际关系中寻找机会的能力，以及你最后领导一帮人跟你一起创事业的能力。而所有的这一切都不是由你的成绩决定的。当然我并不是说在大学不要好好学；相反地，拿到大学毕业证书是必须的，因为在不远的将来我们会发现假如连大学本科文凭都拿不到的话，你的生命将充满艰难。现在读过大学的人很多，有人说现在上大学没什么意思，因为找不到工作。确实今年应届毕业生找到工作的比例只有40%左右，但我相信这只是一个临时现象，因为中国的产业结构还没有调整过来。从历史来看，中国大学生远远不够多，因为中国从制造业正在转向咨询、信息、物流、服务等与世界沟通交流的行业，也就意味着在座的所有大学生只要具备了工作能力，必然能找到工作。

一次有个大学生告诉我，俞老师我要创业，不上大学了。我说为什么，他说要向比尔·盖茨学习。我说世界上有几个比尔·盖茨，不就一个嘛。他说没关系，他可以成为第二个。我说，那你为什么不上大学呢？他说，我考试不及格，上不下去了。这还是没法跟比尔·盖茨比的，人家是觉得自己的知识结构已经超过了老师，觉得上大学已经是时间的浪费，要把自己的创造力及时发挥出来，所以钻到自己的汽车库里研究微软去了。这是两种完全不一样的概念。

既然上了大学，拿到大学毕业证书就是必须的、应该的。不过我刚刚也强调了，学习成绩好并不一定今后就做得好。有一份统计数据，将大学成绩前十名和后十名的同学做过一个调研，以20年一个阶段来说，大学最后十名的同学财富总量以及获得的社会地位，居然比前十名还要高。这就意味着，即便在大学里最落后的同学也不要放弃自己。我在北大努力了五年，在毕业的时候就是以全班倒数第五名毕业的。

是不是我们人生走长了就必然会有成就呢？不是的，因为人生的走法有两种：第一种是像在平原上走路，走到90岁，十分平坦，但是你却看不到各种美丽的景色。因为平原两边的风景都是一样的，每一天做的事情也是一样的。当我们回顾自己一生的时候，将发现一片空白。而我们的人生如果像翻越连绵不绝的山脉一样，像穿越青藏高原一样地度过就不一样了。总是有无数的险峰在眼前需要我们去征服，而一旦我们登上险峰，生命中无限的风光就会展现出来，整个世界都尽收眼底。当然，攀登并不是一件容易的事情，你必须付出很多代价，但这种代价是值得的。你爬到一座山头，如果要去另外一个山头，必须下到山底重新攀爬，因为没有任何两个山头是连在一起的。最精彩的人生是到老年时能够写出一部精彩的回忆录来，自己会因曾经历过的生命而感动，同时你继续为生命的精彩而奋斗还会感动别人。这时候我们才能说生命是很充实的。

很多同学家境富裕，要买手机、电脑，父母都会满足你，你在得到的一瞬间会感到很快乐，但因为容易得到，所以容易失去。因为容易，所以不会珍惜。而生命中最美好的就是珍惜得到的东西，珍惜的前提必定是因为你得来不易。我十年前就碰到一个特别令人感动的事情：有一个大学生来找我，非常贫困，但想出国，想上新东方的GRE和托福班，他没钱但很想上新东方的课，他和我说能不能暑假在新东方兼职做教室管理员，并且安排他到托福和GRE的班，查完学生的听课证扫完地后就在后面听课，我说可以。这个学生又提了一个要求，如果两个月的兼职做得很好的话，能否给他五百元工资让他买个录音机，因为学英语需要录音机但是他没钱买，我说也没有问题。结果那孩子做了两个月，所有接触过他的人都说这孩子刻苦认真，两个月后我给他一千块钱的工资让他买录音机。他买好后，边听着录音机边流着泪。我知道他被自己的行为感动了，以后肯定有大出息，果不其然几年后他被耶鲁大学全额奖学金录取，现在还在美国工作。只有被自己感动的生命才会精彩。

其实我也有一些让自己感动的故事，比如说我高考落榜。当时想着一定要考进大学，但没想过进北大，只知道拼命读书。有的时候你会发现你低着头一直往前走，你就会不知不觉超越目标。当我拿到北大录取通知书的时候，真的是仰天大笑然后嚎啕大哭，跟范进中举一样。如果没有当时的坚持，也许我现在仍然只是一个农民。当时我们村有个人跟我一样考了两年，我跟他说一起考第三年吧，但他的母亲说别考了，找个女人结婚算了，我跟我妈说让我再考一年，结果第三年我真的考上了。我得出两个结论：第一，人必须往前跑，不一定要跑得快，但是要跑得久；第二，不能停下来，你不能三天打渔两天晒网，要持之以恒。

我走到今天没有一天懒惰过，我现在每天依然要工作近16个小时，从参加高考那天开始每天如此。但我发现，我还是比不过有些同事。从小学到高中，我学习也挺认真的，成绩也只是在20名左右，在大学我学习更加认真，但最后却以全班倒数第五名毕业。龟兔赛跑的故事我们从小就知道了，生活中也经常体现出来。跑得快的人往往会停下来，而跑得慢的人不能因为慢就不跑。只要跑，早晚会达到你所向往的终点。我们不要去计较大学时候谁的成绩高低，只要不停地去追求就可以了。

有一次，一个朋友问我马和骆驼一辈子谁走得更远？我觉得一定是马，他说您错了，骆驼走的路要比马多，而坚持目标一路远行正是骆驼的特点。马跑一会儿就会停下来，而骆驼一旦开始走，如果不让它停，它是不会停的。一个聪明的人一辈子所创造的成就不一定比一个笨的人所创造的多，因为笨的人每天都在创造，而聪明的人可能创造一段时间会停下，即便是爱因斯坦这种超级天才，小时候也被认为是个白痴。爱因斯坦九岁才会说话，还好他有个好妈妈一直认为他是个天才。所以当我的儿子到四岁时还不会说话，我老婆着急地带他到处求医时，我说："别看医生，四岁不会说话很正常的。"我老婆说："为什么正常？"我说："不会说话是语言功能发育不完全，不代表头脑就不发达。朱元璋七岁才会讲话，就成了皇帝，我们儿子现在四岁不会讲话，未来至少是个县委书记。"

永远不要用你的现状去判断你的未来，只要你坚持就一定能获得你所意想不到的东西。我生命中出现的很多东西，都不在我能够想到的范围内。我高考三年从来都没想到会考进北大，但成绩公布后我发现超出了北京大学录取分数线八分。后来我班级里很多同学都联系出国，我看了羡慕，想要追赶他们的步伐，于是也开始联系出国。整整四年，联系了无数的美国大学和专业，没有一个美国大学给我奖学金。尽管拿到了几张录取通知书，但去美国大使馆签证，每次都拒签。我觉得也许这辈子都去不了美国大学去不了美国了，但现在美国给我的签证是十年多次往返商务签证，因为新东方在美国上市，美国必须允许我随时随地都能进入美国。当然现在美国不怎么样了，去不去是我们自己选择的事情了。

小时候我最崇拜的人物就是徐霞客，因为他是我的老乡。要知道地方上的名人对地方上少年的影响是非常巨大的。我坐在长江边上看日出日落，就在想徐霞客怎么能走那么远呢？我就想这辈子我是否能跟他走得一样远。正是因为有这样一个榜样在，高考落榜一次、两次我都不绝望，因为我知道走出农村的唯一办法就是考上大学。我想把农村户口变成城市户口，因为当时城市户口是可以到处走的，而农村人是被固定在土地上的。我是一个特别喜欢远行的人，总希望不断地穿越地平线走向远方。在大学的时候，我曾怀揣一百元人民币，走到了泰山，走到了黄山，走到了九华山，走到了庐山。我一边走一边帮人家干活，走到九华山发现没钱了，就睡到一个农民家里。那个农民在猪圈边上给我弄了个床，晚上要收我一元钱，而我口袋里总共只有十块钱。第二天早上他下地干活，我想反正也没钱远行了，就帮他一起去干活。他要去地里插秧，结果插了一天我插了三分之二，他只插了三分之一。他说你怎么会插得那么快呢。我说我家祖祖辈辈都是农民出身啊。然后，他晚上杀了一只鸡和我一起喝酒。第二天走的时候，居然掏了十块钱给我说，我知道你口袋里没钱了，明天还要去庐山，这点钱就给你当路费吧。

生命有各种不同的活法，但哪怕你坐在书斋里一辈子，也要让自己的生命变得伟大。陈景润一辈子没出过书斋，不也是世界上最伟大的数学家。所以，不管在什么状态下也要像一首诗写的那样“相信未来，热爱生命”。有的时候，我们选择前进，不是因为我们有多么坚强。有这么一句话让我很感动，也变成了我的座右铭：“坚持下去不是因为我很坚强，而是因为我别无选择。”新东方最喜欢的运动是徒步。任何一个新东方新入职的老师和员工都要徒步50公里。很多人从来没走过那么远的路，一般走到十公里就走不动了，尤其是要跋山涉水地走。每次我都会带着新东方员工走，走到一半的时候会有人想退缩，我说不行，你可以不走，但是把辞职报告先递上来。当走到25公里的时候我就会让他们做三个选择：第一，继续往前走；第二，往后退到起点；第三，站在原地不动。大家想一下，除了坚持往前走，你还能做什么呢?

我们生命中总要去追寻一种经历。我在加拿大的时候，看过三文鱼回流。我发现在一条鱼身上，生命也会体现得如此壮观。三文鱼卵产在沙子里会被其他动物吃掉很多，第二年春天的时候剩下的鱼卵会孵化成小鱼，小鱼顺流而下，流到湖里，在湖里一年，又会被其他鱼类吃掉一些。一年后，长大的鱼会顺着大河奔入海洋，然后绕太平洋一周，再回到产卵地。每四年一个循环。四年后，三文鱼受到内心的召唤集中在河口开始逆流而上，一旦游进河里就再也不吃任何东西拼命地往前游，然后游到目的地开始配对产卵，产好后就双双死亡。你会看到成千上万的死鱼漂在河上，而老鹰和黑熊就在边上等着。看到这一景象我特别感动，一条小小的三文鱼也知道，生命的使命是不能放弃的。那我们人的使命呢？连一条鱼都经历了小溪流、湖泊、大海，尝到了淡水的清香和海水的苦涩，完成了生命的周期。如果我们这一辈子既没有苦涩，也没有幸福和甜美，那生命是很遗憾的。

正是为了使我的生命没有遗憾，我才从北大辞职出来做了新东方，也正是为了使生命没有遗憾，我才努力把新东方做好。有人问我，如果新东方没了怎么办？其实新东方早晚会没的，因为她是一个商业化运作的教育机构，在商业大潮中总会潮起潮落。前些天我们看到一个消息，通用公司是美国的标志，不照样濒临破产了吗？新东方可能以后也会这样，变成历史的痕迹。但是，即使新东方没有了，我依然很成功，因为我的心态很成功。我追求生命的那种向往和穿越地平线的渴望不会改变。

新东方给我留下的是一种精神，一种力量，而不是新东方本身给我带来多少钱，当然如果新东方给我更多钱，我也愿意要，不要钱才是傻瓜呢。但更重要的是，有了钱能否做出一些更加有意义的事情来。比如说我现在一直想做一个小小的私立大学，可能无法做到像同济大学那么大，但做到它的十分之一总是可以的吧。我在北京已经买了一块地，正在建校区，会是一个非营利性的大学校园。如何把自己的生命变得更充实，是我们一生最重要的事情，所以哪天新东方不存在了是正常的，但如果新东方没有了我就变空虚了是不正常的。如果新东方没了，我照样会过来跟大家做讲座，而且心情会更加开朗，因为没有繁琐的事情了。我只要换个题目就行了，今天叫《度过有意义的生命》，下次我改成《我是如何把新东方做没了的》。

在讲完了上面的主题之后，我再讲一讲大学生活。在大学中，我们要做几件事：第一，把自己的知识结构打造完整；第二，要在大学里尽可能地多交朋友，因为你终生的朋友、合作者一般都来自于你的大学；第三，如果有可能的话，在大学里谈一场比较专注的恋爱。回顾我在北大的学生生活总是一片灰色，为什么会是灰色呢？我想了一下不是因为成绩不好，而是因为在大学五年我从来没有过花前月下的恋爱时光，这成了我大学时代的遗憾。去年北京大学让我给所有北大新生做开学典礼演讲的时候，我给他们强调一句，什么都不重要，重要的是谈恋爱，而且谈恋爱也不用害怕失败，因为自杀也自杀不了，未名湖就那么浅，跳下去还能爬起来；第四，为未来的工作做好打算。未来的工作跟你有多少朋友、跟你的专业知识是相关的。

此外，还需要好好掌握一门专业，只要到熟练的程度，再差的专业也一定有人用。我有一个朋友学的是越南语，越南语的确很少用，但中央领导去越南都要带着他，因为他是一流的越南语同声翻译专家。我还有一个大学同学研究蒋介石，研究了十年，穷困潦倒。后来美国方面召开了一个中国现代史人物研讨会，他在报告上讲了自己的研究经过，结果下面一个老教授热泪盈眶。下来后一问，这个老教授也在美国研究了30年蒋介石，孤苦伶仃，就是找不到接班人，没想到中国有个“傻瓜”也在研究蒋介石。于是五万美元奖学金一年，让我同学跟着他在美国读博士生。读完以后老头退休了，他就成为了那个学校的教授。我去看他的时候，他已经在纽约长岛买了套小房子，买了辆车娶了个老婆养了条狗。当时他跟我说，俞敏洪你看，这一切都是蒋介石“给”我的。

我想用这个例子来说明什么呢？就是研究什么不重要，重要的是你真的很喜欢，然后就会有人用你。反过来，如果你觉得这个专业你不太喜欢，但很适合找工作，这要不要学？当然也要学。我就是这样一个状态，我从来没喜欢过英语，当初考英语只是因为数学不行。不喜欢英语是因为我的模仿能力不强。像我的班长王强，能够把任何话都模仿得惟妙惟肖。而我普通话就练了一年，才练成大家能听懂的样子。我老婆是天津人，跟我一吵架就用天津话骂我，但我到现在为止只会说一句天津话，就是当她拿起棍子打我的时候，我向她大吼一声“干嘛”。但后来我发现英语成了我生命的工具，因为英语，我在北大当了老师。其实当初留北大并不是成绩好，而是当时正好实行四、六级考试，北大各个系的同学都开始学两年英语，结果北大急缺英语老师，我才留在了北大。专业有的时候是一种工具，能够帮助你前进。在登山的时候，你会在乎登山杖你喜欢不喜欢吗？不会，你只会在乎能否帮你登上山顶。英语就是我的登山杖，尽管我不是特别喜欢，但我知道我要想攀上更高的人生山峰就需要这个登山杖。我本来想把自己变成在中国的英语专家前100位的，后来发现一点戏都没有，因为中国留学生归来的越来越多，有的在国外待了10年、20年，回来了怎么看英语水平都比我高。我就只能缩小范围，开始拼命背单词，结果成为了中国还算不错的英语词汇专家。

除了学专业外，同学们要在大学里多读书。读书多，就意味着眼界更加开阔，更加会思考问题，更具有创新精神。新东方流传一句话叫做“底蕴的厚度决定事业的高度”。底蕴的厚度主要来自于两方面：第一多读书，读了大量的书你的知识结构自然就会完整，就会产生智慧；第二就是丰富人生经历，把人生经历的智慧和读书的智慧结合起来就会变成真正的大智慧，就会变成你未来创造事业的无穷无尽的源泉和工具。

新东方招聘重要岗位的人才都是我面试。我问的最重要的问题之一就是你大学读了多少本书？如果你说只读了几十本书，那肯定我不会要你。我心中的最低标准是两百本书。我在大学里读了八百本书。新东方还有更牛的王强老师，在大学里读了接近一千本书。有的人会问我，读过了忘了跟没读过有什么区别呢？其实是完全不一样。就像谈恋爱，一个谈过恋爱后又变成光棍汉的人和一个从来没有谈过恋爱的光棍汉相比是更有自信的。当他看到别人在谈恋爱的时候，他会在旁边自信地说："嘿嘿，想当初老子也是谈过恋爱的嘛。"所以如果你实在不喜欢读书，也一定要到书店去看着那些世界名著，用手摸一下，这样也能增加一点人文气质。

在大学里的第二件事情是要尽可能多交朋友。要交到好朋友首先你要做个好人，要做一个让人放心的人。如果你是个好心的人，在困难的时候一定会有人帮助你。当时我那些大学同学都觉得我没出息，但为什么会回来跟我创业呢？这跟我大学里的行为有关。我在大学里是个学习不好但挺喜欢帮助别人的人。我在大学里扫宿舍打开水，一直做得很开心，同学们一直觉得我是一个为人不错的人。另外，交朋友尽可能要找比你更加出色的人，他们能够在你的成长道路上帮助你。做人就要跟着牛人跑，这样你会不知不觉跑得更快。新东方的王强和徐小平都是我在北大的朋友，他们都是我在大学追随和学习的榜样。王强老师喜欢读书，一进大学就会把生活费一分为二，一份用来买书，一份用来买饭票，我觉得这个习惯很好，我也把生活费一分为二。每到周末我们就去买书，我不知道买什么书，于是他买什么我跟着买什么，他被我弄烦了说你能不能不跟我，我说你是我的班长有责任帮助落后同学。其实我知道他想把我赶走，因为当时他是我们班女生追求的对象，如果我不跟着他，他就可以带女生出去买书。到现在为止我的读书老师还是王强，他的藏书接近六万本。到现在为止我都要不断地读书，因为每当新东方人聚会，谈的最多的就是读书，一旦哪本重要的书没有读，就会被他们说"你大学时候不用功，怎么现在还是这样"。新东方读书氛围之所以浓厚，最重要的原因就是王强，而你非常需要这样的朋友。

我认识徐小平老师的故事也挺有趣。他当时教了一门西方音乐史的选修课，我听了课之后觉得他才华横溢，很想认识他。一个礼拜后我敲开他家的门，他问我你是谁。我说我是你的学生，听了你的课后很感动，想来拜访你向你请教。徐小平把我让进去，进了他家门发现有一群年轻老师在那。原来他有个习惯，每到周五晚上都会招一批老师来他家聊天。我当然很想听，就问我能不能留下来听，他说不行啊，我们聊的都是些男男女女的问题，像你这样的纯情少年会被污染的。幸亏我反应快，说徐老师我在这方面刚好需要启蒙教育。在听他们聊天的过程中，我发现没有人给他们烧水，于是，我就帮他们烧水煮方便面。连续去了四个礼拜，到了第五个礼拜我不去了。为什么不去？不是因为我烦了，而是我觉得一个人在该显示重要性的时候一定要显示出来。果然徐小平一个电话过来说，你这个兔崽子怎么还不过来？我知道，这个时候不是我离不开他们而是他们离不开我了。从此，在一年的时间里，我经常听他们聊天，他们的思想源源不断流进我的头脑。后来我做新东方，想要寻找一批志同道合的人，去北美拜访一批朋友，去的第一家就是徐小平家。我跟他说新东方不缺英语老师，但缺有思想的人物，希望你回去管理新东方的思想。后来王强、徐小平一起回到新东方，我们一起托起了新东方的一片天空。

在大学的第三件事情，如果能谈一场恋爱还是很不错的。但谈恋爱有一个非常重要的前提条件就是要一心一意地爱。所谓一心一意地爱，不是说大学里只能谈一次恋爱，而是说一次只能谈一个。要爱到一个什么程度呢？要有这样的一个感觉："为什么我的眼睛充满泪水？因为我爱你爱得深沉。"当你真的爱上一个人后，要以恰当的方式告诉她你爱她而不能只放在心里。我在大学就吃亏在爱上了女孩子只放在心里，怕说出来被别人拒绝。但其实人的追求最好还是表达出来，就算被女孩子拒绝了，也能够让她知道你在爱着她。同时你追求她，她也不会不高兴，她回家一定会在日记上写上"今天又有一个男孩追我咯"。有一年我去美国，跟一个以前班里很喜欢的女孩一起吃饭，她和她老公跟我一起吃饭。吃饭的时候我跟她说，其实我在大学对你特别有好感。她当时一拍大腿说：“那你为什么不告诉我呢？”

谈恋爱的另外一个原则就是要谈得大度，所谓大度就是说当你爱的人爱上其他人的时候一定要大度地对她说，你的幸福就是我的幸福，你的快乐就是我的快乐，尽管我的心很疼，但我会祝福你们一路走好。我始终觉得人在世界上总是有缘分的，世界上最痛苦的事情就是你还深深爱着她，但她已经不爱你了。但这就是缘分，既然缘分已尽，那就让我们等待下一个缘分的来临吧。在你以后的人生中总会有人爱你，等你一起牵手走向未来的旅程。

有些同学在大学期间是没有机会谈恋爱的，没有人能够爱上你，但即使这样也没有关系，并不意味着你一辈子都没有人爱你。看看我就行了，我在大学四年没有任何女孩子爱过我，到大学毕业两年了还是没有谈恋爱，很多人都以为我不正常了，但我不是照样找到爱人，照样结婚，照样生孩子，证明我是一个正常的男人吗？总而言之，生活就是这样往前走。有平凡，也有激动；有慢慢长夜，也有美丽的日出。这就是我们的生活。

最后，我想谈一谈大学和工作的关系。工作问题是一个比较简单的问题，我相信同济大学的同学在找工作的时候都不会有太大的困难。有同学问我要不要创业。人生一辈子不创一次业一定是一件非常遗憾的事情。人一辈子总是要为自己干件什么事情，创业就是为自己干事情。但是你并不一定大学毕业就要创业。为什么呢？因为创业需要经验和许多前提条件：第一，你的专业知识能在你创业中得到运用；第二，你有能力和同学朋友相处并且有处理利益关系的能力；第三，你要有对付中国社会复杂局面的能力；第四，你要有基本的商业操作或者商业运作知识；第五，自己要是个具有领导力的人。所有这些能力，都来自于你工作后和社会接触后的积累，这是需要一定时间的。比如，你想搞个培训学校，那你的运作知识从什么地方来呢？通过你观察别人怎么运作来的。如果当初我直接从北大出来就做新东方，那我可能就做不成。我做成新东方有两个前提条件：第一，我在北大做了六年老师，做老师做得不错。还有第二个前提条件，我做新东方以前，在另外一家培训机构干了近三年，我在观察它是怎么做的。我碰到许多大学创业失败的人，我说你们怎么不创业了？他们说，同学之间只要一碰到利益关系，互相全是“狗屁”。是不是这样？是的，但是你会处理了就不是“狗屁”了。我和新东方这帮朋友也有利益关系，但是我们不就处理好了吗？要创业，我鼓励同学们先去某一个行业至少观察一到两年，最好三到四年，慢慢积累自己的才能，慢慢变得成熟，个性也慢慢稳定，最后再创业。这样失败的可能性也就少了很多。

创业有两种状态。第一种是从零做起，我自己就是从零做起，马云也是从零做起的。第二种创业就像联想的杨元庆，也算创业。杨元庆是接柳传志的班，最后成为了联想老总。美国著名的管理学家、企业家杰克·威尔奇，也是从一个普通工人做起，做了20年成了GE公司的老总，然后在公司老总的位置上又干了20年把公司变成了全世界最大的公司。这也是创业，不一定是自己干。

有学生问，俞老师，我怎么把一个培训机构做得和你的一样大？很简单，先到新东方来工作，看看新东方是怎么做的，认真观察，把真本事学到手，最后出去慢慢就能够做出一个大的培训机构来。现在中国很多大培训机构负责人中不少都有在新东方工作或者学习的经历。也有人问，俞老师，我如果到新东方工作会有发展吗？怎么会没有呢？只要心态正确，做事正确，就会有发展，哪怕先打扫卫生。如果你把卫生打扫得非常干净，我就会把你提升为新东方卫生部长；如果你卫生部长干得好，我再把你提升为新东方后勤主任；等到你成为新东方后勤主任，我可能就会把你送到哈佛大学去学习了，学完了回来我就可能把后勤行政工作全部交给你，你就成为了后勤行政总裁。如果万一我“翘辫子”，你不就是总裁了吗？

我们的成长和成熟都是慢慢来的，就像一棵树长大也是慢慢长大的一样，没有一夜之间就长大的树，哪有一下子就创业成功的人？我是30岁开始创业的，30岁才有了新东方，慢慢地不也把新东方做大了吗？还是我的老话：把生命活得精彩一点。人的生活就像河流一样，总有一个梦想——那就是流进大海。有的人这一辈子没有梦想，就像河流没有了方向，这条河就是不完整的。长江流向大海，黄河流向大海，但长江、黄河都以自己不同的方式流向大海。长江开山劈石穿过大山流向大海，黄河没有开山劈石，结果绕了九曲十八弯，最后也流向了大海。不管怎么样，生命再拐弯，最后目标不变。我们唯一要记住的，就是要像黄河、长江一样不断地向前流动。我们不能变成黄河、长江里的泥沙，最后沉淀下去再也见不到光明。总之，生命的精彩只能靠自己不能靠别人。从来就没有什么救世主，想要活得精彩幸福，全靠我们自己！

中国教育质量的本质
——在中国（江阴）长三角校长高峰论坛上的演讲

各位领导、各位老师、同学们，大家上午好！

今天在这里演讲，很多不安，因为我知道这里坐着很多校长，校长都是教育专家，我是教育领域的江湖郎中，只能东拉西扯，漫谈一下我对教育的体会。我不是搞正规教育的，尽管新东方系统里有中小学校，我们在江苏扬州投资建造了一所和江苏省南菁高级中学差不多规模的学校，占地近五百亩，有四千多位中小学生在里面学习。我知道中国的公立中小学系统在全世界是最完整的系统，也是最强有力的系统，中国公立学校的中小学校校长基本上都是教育专家，所以，要让我来谈教育质量，我只能谈我知道的一点东西。

我现在做了一个可以说是中国最大的培训机构——新东方教育科技集团，有四百多个教学区，有一万多名老师，大部分都是教英语的，接近两千名老师是教语文、数理化、历史、地理等课程的，每年来到新东方学习的学生有两百多万。关于教育，我想讲的主要问题是：我们到底要把孩子培养成什么样的人？

当我们面对教育的时候，我们到底要培养孩子什么？是培养他们以高分进北大、清华，还是培养其他很多更重要的东西？对于一个学校来说，对于一个家长来说，对于一个孩子来说，是需要考虑这些问题的。现在，我就从我对孩子的观察及我与周围成功人士的交往来阐述要培养孩子什么。

我这个人是老师出身，一旦进入某个人群中间我就要去分析这个人群成功或者失败的原因。现在我待在企业家人群中的时候比较多，我就会去分析阿里巴巴的马云为什么成功，百度的李彦宏为什么成功，蒙牛的牛根生为什么成功，汇源果汁的朱新礼为什么成功，联想的柳传志为什么成功。因为我和他们打交道、吃饭、喝酒、聊天、开会，我除了与他们对话沟通以外，会观察他们身上的某种特征，思考这些人拥有什么样的特征：是因为他们受的教育太好，考上了北大、清华？还是因为他们身上有其他的特征能够使他们取得更大的成功？这些特征反过来就能运用到我们对孩子的培养上去。

我的第二类朋友圈就是政府领导，也就是政治人物。比如说我这两天来到江阴后，与市委朱民阳书记、教育局屠湘如局长等一些江阴的领导吃饭、聊天、开会。大家都知道中国政府跟学校的关系是紧密相关的，如果你们所在城市的市委书记对你那个学校特别关注的话，你那个学校的教学质量就会迅速提高，因为他会提供资源支持。这个支持有的是精神上的，比如他在各种场合夸你这个学校，虽然他一分钱不用出，但是你就会感到很有信心；有的支持是物质上的，像南菁中学这个新校区，投入四个亿来建，就是物质上的支持。

我和政治人物打交道，我也分析他们为什么会成功，因为在中国其实能人很多都在政府中。大家都知道，在中国，政府是一个大平台，某个人一旦做了领导以后，他动用自己的能力为社会做贡献，或者动用自己的能力破坏社会的力量都很强大。比如说，有的城市的老百姓很喜欢这个城市的领导，但有的城市的老百姓不喜欢这个城市的领导。如果我们来分析一下，这个分析就会又扯到教育上来：他是名牌大学毕业的，所以才当了政府领导？还是并不是名牌大学毕业的？比如说，胡锦涛是清华毕业的，李克强是北大毕业的，我们好像可以说他们和名牌大学有关。但温家宝是地质大学毕业的，不能算是真正名牌的大学毕业的，对吧？这意味着什么呢？就是大学的教育和这个人有关系，但不一定是决定性的。如果说好的大学就必然出优秀的政治家，那中国的所有政府领导都应该被北大、清华包了。而事实上北大、清华也就那么几个人在当中央政府领导，对不对？

这样一分析以后呢，回到教育的根基上来，问题就是：难道分数就必然促使孩子一辈子成功？好大学就必然让一个人最后成功？最后，我的答案是半否认半肯定状态。原因很简单，如果说高分、好大学就决定了他的终身成功的话，那么也就意味着我们应该要做的事情就是抓学习、注重分数。但是我们又发现并不是这样，另外一些因素也决定了这些人的成功。是哪些因素决定了人的成功呢？我后面会谈到。

我们的教育，尤其是中小学教育，肯定不仅仅是抓分数，但现在中国的教育体制非常可惜的是不管怎么改都是往分数方面引导。中国的高考制度就是分数引导系统，我发现领导们都在抱怨高考制度。我跟教育部的领导也反复探讨过这个问题，高考为什么不能改得更加好一点？

我是一个改良主义者，不是革命主义者，对高考改革我不主张把高考推翻了重来，甚至于把高考整个体系都破坏掉。我主张高考是要坚持的，高考的模式可以进一步合理化的，至于高考以外的其他辅助高考的手段，包括特长生招聘，像北大的中学校长实名推荐制，我觉得都是对高考有益的补充。我们不能完全否定高考，也就是废除高考，只要高中向大学推荐，或者说各个大学自己考就能把学生录取，这需要中国达到一个完全讲诚信不讲人情的水平。但中国两千五百多年来，诚信体系就从来没建立起来。没有建立意味着什么呢？一是做任何事情都可能会作弊。清朝科举考试制度对作弊惩罚得非常厉害，只要发现作弊现象就满门抄斩，但是清朝每年科举都有作弊现象。现在也是，对高考作弊的惩罚也很厉害，但依然有作弊现象。在中国人的心中，好像作弊并不是一个道德问题，这种看法本身就是一个更为可怕的问题。

更重要的是中国社会五千年的文明史培育出了一个超级人情社会，既然是人情社会就会出现一个问题，就是我和你认识了，那么我们就能够互换资源，而且常常会破坏规矩互换资源。而在西方社会你跟我认识跟你占有的资源完全无关。

比如小布什当初曾经推荐自己朋友的孩子到耶鲁大学去读书，结果耶鲁大学校长给小布什写了一封信，坚决不要这个孩子。因为这个孩子不符合耶鲁大学的录取标准，而且还把布什骂了一顿，说你作为总统，对孩子没有判断力，你就把这个孩子写封信推荐过来，有损你这位总统的名誉和形象，让美国人民对你这个总统的判断能力产生怀疑。而这封信居然登在了美国最流行的报纸上面。但是在中国要是某个领导写一封信给校长说我要推荐某个人过来，校长就该反复掂量分量了。因为在中国，上一阶层对下一阶层的命运有决定权。比如说市委书记对他手下的官员教育局长就有决定权，教育局长对校长也有决定权。

还有第二个原因，中国学校的校长都是行政化校长，这样就得听从上级领导，否则乌纱帽不保。我们已经讲了十年以上学校去行政化，从大学到中学，但去不了。行政化给我们带来了很多麻烦，今天考评，明天调研。但是另外一方面，我们在座的所有校长都明白，如果把行政化去掉了，你什么身份都没有，这个社会上你是什么人呢？现在的校长已经不以当校长为满足了。原来在蔡元培那个时代，你可以说我是社会上的著名学者，我是大学教授，或者说我是大学校长，那个校长是被全体教授推荐出来的，本身就是一个超级身份。但是现在，我和校长们谈过这个问题，他们说一方面他们想去行政化，一方面他们不想去行政化，因为他希望自己也是个部级干部或者局级干部。好了，拉扯了这么多，就是为了说明，中国孩子们的前途，还是拿分数说话比较靠谱。这就是说，高考制度本身已经是中国能够找到的比较公平的一个制度了。所以，我不希望高考取消，只希望高考进行局部的改造，比如一年考两次，由学生自己选择两次考试最好的分数，去联系学校或者由学校录取。这样一来，孩子们可以相对轻松一点。

我对高考制度也有反感，来自于两个例子。第一个例子是我。我又喜欢又不喜欢高考的原因是因为我高考考了三年， 第一年没考上，第二年没考上，到了第三年非常幸运地考上了北京大学。我第一年之所以没考上，不是因为我想去北京大学，而是因为一直受的是农村教育，本身水平不够，而且脑袋又相对比较木讷，做事情一般要比别人多加一倍的时间才能做成。我的例子，可以对这里所有的老师提个醒，就是说有的时候中等的学生不能放弃，落后的学生也不能放弃，从我身上就可以看出来。现在很多人都认为我记忆能力很好，因为我曾经把《英汉双解词典》的四万多个单词全部背出来过，这是很不容易的一件事情，但是实际上我花了多少年的时间呢？我花了整整十年的时间，坚持不懈地背，每天墙上贴得到处都是单词。我小时候记忆能力不好，小学老师要我们背语文课文，每篇课文都要背。我发现我常常是班里最后一个背完的。我的好多同学都是老师说背，稀里哗啦读几遍就背下来了，老师就用大大的红笔写一个“背”字，学生就很开心。我永远是第一天背不出来的，但是我后来发现有一个好处，因为我背不出来，所以我就必须老在读老在读，所以我通过把这个课文读了几十遍的方式很自然地背出来。我背出来以后就忘不了了。期末考试的时候，很多同学又开始去翻课本背课文，但我每篇课文都还能记住，因为每篇课文我都花了好长时间才背出来。我从小学到中学毕业，都没有得过全班20名以内。好在我并没放弃自己。当时是文化大革命时期，老师不太关注成绩好坏，不像现在成绩好了老师就拼命捧你，成绩坏了老师就拼命踩你，当时没有这样的感觉。

一个对生命和自然没有美感的人，请问他未来会是什么样的人？

尽管我高考了三次，但我又喜欢高考制度，为什么呢？我父母都是不认字的农民，如果没有这样一个高考制度，我永远也进不了北大，北大也必将变为官宦子弟和有经济实力的、有社会资源的人的家园，而不是像我们这样的农民子弟的学校，这就是我喜欢高考制度的原因。

恨高考制度是因为它太呆板，以至于让人消耗太多的生命，甚至是牺牲孩子的幸福，牺牲孩子的心情，牺牲孩子的健康。我表哥的女儿，学习成绩很好，一直希望考名牌大学，但是就是在高考那天太紧张了，考出来连基本的普通大学都没有考上，最后去学高考补习班，结果在高考补习班又因为心里太紧张，最后变

成了精神分裂症，这就是高考所带来的严重后果。而且在中国，因为高考变成精神分裂症的人每年远远不止一个。为了高考成绩上不去而自杀的人也远远不止一个，这就是中国高考制度僵化所带来的弊病。现在的家长常常告诉孩子，考上好大学就行了，家务活什么都不用干，只要你上好学校，就是父母的光荣；但是他们没想到，成绩对于孩子来说，最多就延续到高考结束，或者是大学毕业。到大学毕业以后，人成功的决定因素已经跟成绩没有关系了。如果说在中小学和大学，第一名和最后一名有区分的话，请问我们在座的校长，你们谁是第一名谁是最后一名，请问有多少人在社会上还能说我是老大你是老二？除了体育运动比赛能造就奥林匹克有冠军以外，这个社会本身是没有冠军的。那么真正的冠军是谁呢？是能在这个社会，通过自身的各种的努力，包括在大学和中学学到的知识加在一起的努力，而获得成功的那些人。

讲完高考之后，回过头来说，很多分数之外的品质是在中小学的时候养成的。这个时候养成的品质是家庭和学校教育的一个结果。我小时候是农村孩子，天生善于吃苦、不怕被打被骂，因为农村有一个很奇怪的现象，父母一看到孩子不行，拿起棍子来就一顿臭打。尤其是我们那个时候，兄弟姐妹比较多，好像打死一个没事，所以父母经常拿着竹子拿着棍子追着我们打。这种现象在农村比比皆是。现在也不行了，因为现在农村大部分家庭也是一个孩子，舍不得打了。中国的文化传统，典型的就是“棍棒底下出孝子，筷子头上出孽子”这样的精神文化氛围。美国不一样，在美国，父亲要打儿子，父亲要被抓进监狱了。如果中国哪一天定了一个规矩，父母打孩子，父母要进监狱，中国基本就完蛋了。当然虐待孩子又是另外一个概念了。

但是很奇怪的是什么呢？我们那时候农村孩子有心理毛病的很少，我从小就是被我母亲打大的，但是我心理比较健康。因为打骂背后没有对你的歧视，打骂背后没有对你的羞辱，打骂背后我知道了父母的辛苦，体会到了父母的艰难。因此我就明白我要是不努力学习不努力干活，父母打骂我就是应该的。当然，我不是鼓励老师、父母去打骂孩子，我只是想说我们当时的那种环境潜移默化地锻炼人，遇到失败、遇到挫折、遇到各种各样的问题，你都不会怕，还愿意去尝试。所以，就有了像我们这样高考三年四年，身心却还是很健康的人。

今天，对于孩子的教育，我们应该注重什么呢？教育除了分数以外，我觉得要从孩子身上看到成功的特质，培养孩子具备以下几个特质。

首先，我认为教育要培养孩子的心情。什么心情？当然快乐健康的心情很重要，但是我觉得更重要的是培养孩子对生命的热爱、对社会的热爱和对大自然的热爱，这叫真正的心情。比如说，我给家长演讲的时候曾经说过，我们的家长都很忙，现代社会不忙也没办法，但是我们总有悠闲的时候，请问你们闲的时候干什么呢？带着孩子去吃麦当劳、肯德基当然很好，带着孩子去欢乐谷坐坐过山车也很好，但是这些都不是培养孩子的方法。

我想请问家长中间有多少人曾经在月圆的晚上，带着孩子坐在湖边上、河边上，或者说开阔的农村原野去看月亮从东方冉冉升起来过？有多少家长曾经带着孩子，躺在一个没有城市灯光污染的草地上看满天的繁星，并且告诉孩子们银河在什么地方，牛郎织女星是哪一颗，北斗星是哪一颗？请问有多少家长在周末的时候，除了带着孩子到农家院去吃土鸡以外，还带着孩子去辨识各种各样的农作物以及它们的生长周期？请问你们的孩子有多少人认识路边上的野花叫什么名字？家长说我自己都不知道。他们当然不知道。但是如果不这么做，孩子对生命的热爱、对自然的热爱、内心的美感怎么产生？一个对生命和自然没有美感的人，请问他未来会是什么样的人？不是赚钱机器，就是害人机器。原因很简单，他不热爱自然不热爱社会，就培养不出这样的心情，他也不可能珍惜生命，他不珍惜自己的生命就必然不珍惜别人的生命。

我是无比喜欢大自然的，我从小就生长在望不到边的油菜花中间，生长在无穷无尽的稻花飘香的稻田中间和麦浪翻滚的麦田中间。小时候，大自然没有污染，蓝天白云。我小时候夏天经常在房子外面搁一块门板乘凉，当时家里连电灯都没有的，没有任何灯光污染，天上的星星是看不到边的。我小时候躺在门板上数星星的时候，我的姥姥就在边上说不要数，说星星是数不完的，数星星你的头发会掉光的。现在我有一个习惯，在夏天的时候，会带着新东方的干部们和老师们到蒙古草原上去。蒙古草原上没有光污染，离天要近一点。有一次我们躺在草地上看满天的繁星，有一个快30岁的管理者，居然问我："俞老师，星星好漂亮，但是中间怎么会有一条云，会那么长。"我说那是银河，他连银河都不认识。曾经有一次高考作文，题目叫《满天星光让我感动》，有个学生勇敢地写了一句话："请问星星在哪里？"我们的教育为什么会出现这些问题？因为我们不接触自然，也不敢去接触自然了。

我相信在座的校长没有多少愿意组织师生去春游或者秋游的。为什么呢？有两方面的原因：一是因为上课太紧张，怕孩子们耽误学习，因为教育最后比拼的是你们的学生多少上了名牌大学、多少上了名牌高中。初中的老师想的是我的学生有多少人最后能通过中考考上名牌高中，高中的老师想的是我的学生有多少人考上名牌大学，至于说考上大学了你是精神病还是神经病，那跟我没关系。恰恰就是因为这种原因，导致了孩子的心理疾病比较多。有这样一个统计，说越是好的大学，学生精神毛病越多。据说北大有心理疾病的学生很多，但是按照中国教育的标准，进了北大以后就算成功了。我碰到过这样的学生，从小学一年级到高中到大学全是第一名，从中国最顶级的大学毕业，而且很顺利地考上了哈佛大学，按说这个孩子一辈子应该是一路成功，父母以他的成功为骄傲，老师以他的成功为骄傲。但是父母和老师都疏忽了一个问题：这个孩子已经得了第一名综合症。什么是第一名综合症？就是这个孩子永远想第一名，谁超过他，他就想把谁掐死，永远不把自己的学习和别人分享，永远防范着别人，不愿意别人与自己有一点点的在成绩上的靠近。但是中国老师不去发现问题，只要你是第一名，那随你的便了，家长也不关心这个问题，只要你第一名考上北大，就没问题了。但是这样的孩子，心胸狭窄，思路狭窄，人格狭窄，最后出的问题是什么呢？生活孤独，感情内向，最后越来越糟糕。这个孩子到了哈佛大学以后，既没有同性朋友，也没有异性朋友。他没有意识到的是第一名如果失去了怎么办？到了哈佛大学，得第一名就很不容易了。哈佛集中了全世界最好的头脑。另外，到了国外是英文学习，你得允许自己花一段时间把英文水平提起来。教育方法也不一样。中国是死记硬背考试，到今天为止大学的学习方法都是典型的最后一个月学习法。就是一个学期四个半月到五个月，前面三个多月学生玩得一塌糊涂，最后一个月要期末考试了，就挑灯夜战，最后考试也通过了。回去过寒暑假，过完寒暑假又紧接着在学校里打牌、玩游戏、谈恋爱三个月，最后一个月拼命学习一下，这就是典型的中国式学习法。你想想，大学教育如果是这样的，怎么可能培养出人才？

所以现在有这样的争论，是把孩子送到清华、北大好还是送到技工学校好？哪个是成功的教育？

要培养出人才，在大学里学生需要面对大师、面对伟大的书籍，每天进行研究，而不仅仅是考试教育法。中国中学生是考试教育法，到了大学依然是考试教育法。哈佛大学的学生学习方法就不一样了。中国是死记硬背式的，考试是能拿到高分的，但是国外不这样的，考试几乎没有，就是自己搞研究，自己一篇篇写论文，自己一本本书读完之后写总结，在课堂上自己主动发言来陈述自己的观点。但前面提到的那个上了哈佛的孩子尽管一直以来都是第一名，却从来没有受过这样的训练，所以跟不上，跟不上就跟不上呗，已经进入了哈佛大学急什么啊，对不对？但是他急，因为他失去精神支柱了，最后慢慢地就有点精神失常，最后跑到哈佛大学的楼上跳下来把自己摔死了。所以，这样的教育要它干什么？！

再告诉大家一个统计数据，中国大专院校学校没有学生自杀的，为什么？因为他们已经在大学的最低层次。所以现在有这样的争论，是把孩子送到清华、北大好还是送到技工学校好？哪个是成功的教育？那我想要说明的是什么呢？孩子的分数既然不能决定他一辈子的成功，那么我们除了给他分数还给他什么东西？

回到春游问题上，现在家长和学校在这个问题上的关系也非常紧张。学校给孩子一个好的分数没有问题，但是孩子出去春游时摔断了胳膊，摔断了腿，孩子出了危险了，家长是能够躺在你学校两个月不走的，他能把你弄死。我的学校有一个孩子跟其他孩子一起打闹，一不小心摔断了一颗牙，家长就抱着被子住到学校里来要我们赔他孩子的牙齿。那怎么赔，没法赔啊，牙齿已经摔断了，他的父母把爷爷奶奶从医院里接出来打着点滴就跑校园里来。你想象一下，这样的孩子，看着家长这样的无理取闹，孩子将来也就是无理取闹的人，是吧？学校哪经得起这样的折腾。学校因此不敢组织孩子们出去了，不出事好说，一出事就是严重问题，鸡犬不宁。所以最安全的方法就是把孩子关在学校围墙里面，像南菁中学这样搬到郊区山清水秀的地方，孩子们还能抬头看山，低头看水。城里的学校呢？我在北京参观过所谓的一些名牌中学，就挤在城里那50亩不到的地方，造的全是楼房，学生越来越多，操场是塑胶的，散发着难闻的气味。这就是学校的环境，在这样的环境里成长的孩子，他的心灵怎么可能开阔，他成绩虽好但是心灵不开阔有什么用呢？请问一个心灵不开阔的人他怎么能成功？所以，我常常说从小要对孩子培养一种感觉，这种感觉就是总想穿过地平线走向远方的愿望。于是学生就问我，请问地平线在什么地方，我们抬头看的是楼房低头看的是水泥地，我们心中没有地平线，我们也没有这样的机会去看地平线。那种感觉不是放放幻灯片，说这是草原这是雪山，这是大河这是湖泊就能产生的，必须把人放到那样的环境中去。我非常庆幸自己生在农村，而且刚好在长江边上长大，我割草的时候就能割到长江边的堤岸上去。当时长江边上还不是这种全是水泥围墙和港口，边上有一望无际的芦苇荡，在芦苇荡之上就是船只来来往往，那巨大的轮船开过来，我的心自然就被带到了远方。现在我们天天听到的声音是什么呢？是马路上拥挤的发出噪音和污染的小汽车的声音，马达发动机的声音以及喇叭声。我在长江边上听到什么？是大船开过长江以后的一声汽笛，一拉就是一分钟啊！你想象

这一分钟的感觉，你的心会被带到什么地方去？当一个人的心能被带向远方的时候，他未来的脚步就一定能走到更远的地方。当然，有时候这个走向远方的向往也会受挫。比如说我北大毕业以后想出国，托福都考了，美国大学也给我发了通知书，但就是不给我钱，没钱怎么出去呢？当时我在北大当老师，120元一月的工资，换成美元是20美元，美国最低学费两万美元。我算了下，一百年不吃不喝刚好。既没钱走中国，也没钱走世界。但正是因为有了走向远方的渴望，我一直没有放弃，也就有了今天真的能够走向世界的机会。

我们现在的教育有一个误区，就是老师只关注和表扬班内前十名的同学，因为能给他带来收益。为什么啊？进了北大、清华，奖金拿得多。而余下的排在后面的同学就处于被放弃状态。我觉得一个伟大的老师和伟大的学校应该是这样的，前十名的同学当然可以赞扬，但是这些孩子之所以能到前十名，是因为他们的自我鼓励能力和自我推动能力相当强大。其实他们是不需要太多鼓励的，一个优秀的人鼓励多了他反而变坏了。大家有没有发现，在管理学中有这样一个现象，比如说我手下的某管理者特别优秀的时候，我是不太表扬他的，反而是不断地批判他，挑他的毛病，让他知道他还不够好，如果我老表扬他，给他更重要的位置，他会倒过来跟我较劲，他会觉得自己是不可缺少的人，心生骄傲，结果表扬他反而把他给害掉了。很多好学生被老师表扬，到最后尽管学习成绩还好，但心态已经坏掉了。一个人的心态坏掉了，他的一辈子也就坏掉了。所以，我觉得优秀的老师应该鼓励全班最后十名学生。这些最后十名的同学不一定是笨的，他们只不过是缺少鼓励，自己也就开始放弃自己了。这些学生自我推动力相对弱，所以需要老师在后面推一把，寻找他们身上的优点，激发他对生命的热爱。有老师说，我左看右看，落后学生身上都没有优点。如果一个老师看不出来学生身上的优点，这个老师就是不合格的老师。其实你可以讲他今天的头发真漂亮。如果穿的不是校服，只是随便搭配，哪怕他的衣服再难看，你都可以说你今天的衣服真好看。比如我跟老婆在一起的时候，她的衣服哪怕搭配不太协调，我都说，哎呀，真好看！为什么啊，生命就是给人一种信心，给人一种感觉，给人一种美好，对不对？

鼓励孩子是有方法的，我最喜欢的一个故事是美国的一个物理学家回忆自己怎么变成物理学家的故事。他物理考试第一次考了8分，于是就想放弃物理学习。他的老师不愿意放弃任何一个学生，他想鼓励学生把物理学下去。但是普通鼓励是不管用的，对于特殊的学生有特殊的鼓励方法。这个老师对这个学生说，再考一次，如果下次考试你考到了9分就算你及格。这个学生想，不就加1分吗？然后就再考一次，考出来了28分，但考了28分老师也没法表扬啊，当着全班同学说某某同学考了28分大家鼓掌？把孩子给侮辱死了。这个老师很聪明，当着全班同学做了一个减法，大家把这一次考试和上次考试相减一下，然后把剩下的分数告诉我，上次考了95这一次考了95，一减剩下了0分，这样一减下来全班只有这个同学得了20分，老师把所有同学的剩余分数往黑板上一写，只问了一个问题：请问从上次考试到这次考试之间我们班的同学哪个进步最大？全班同学异口同声说：某某某。20分，相当大的长进啊。一个老师的鼓励，给学生所带来的是心灵上的震撼和对未来的憧憬。从此，这个孩子就爱上了物理。

在中学我们一定要培养孩子的读书精神。

大家都知道中小学孩子有一个特点，喜欢教这门课的老师他就会喜欢这门课，所以应该让学生评估老师。我后来发现学生是有判断能力的，他绝对能判断出这个老师是否善良，这个老师会不会鼓励人，这个老师知识丰富不丰富，在这个老师身上能不能学到东西，绝对不是说天天讲笑话的老师就能得高分的。新东方就是这套体系，让学生打分，学生不喜欢的老师不能进教室。理由很简单：我不喜欢你凭什么跟着你学？这是一个非常简单的道理，老师不合格，带出的学生当然不合格。

另外，在中学我们一定要培养孩子的读书精神。我们的中学不仅是为高考，更是为了把孩子们培养成一个个知识全面、心情愉快的人。我听到的最悲惨的故事是在湖北发生的一个故事：湖北枝江市14岁神童覃瑶因为读课外书籍被老师批评而自杀，留下的遗书中有这么几句话："我在学校里其实一直受着巨大的压力，老师一直都对我看得很紧。他说不能看课外书籍，但你们都知道，我不看书是不可能的。于是，在第三次被他看到之后，我做出了这个决定。因为，我不知道要怎么面对你们。"她死在校内一个约三米深的池塘里，留下一封遗书，留下她的老师、同学，留下以泪洗面的双亲。

我们搞教育的应该都知道，孩子读课外书籍应该是一件好事，就看我们怎么引导了。当你发现孩子在你上课的时候读课外书籍，应该首先检点一下自己，你的课为什么不能吸引学生呢？学生为什么要读课外书籍呢？分析出了原因，用恰当的方法来解决这个问题。但这个老师估计不是一个特别合格的老师，一定是当着全班同学的面，把学生拎起来，用非常难听的话臭骂一顿，让孩子脸面上过不去。这个老师当然自己也受伤了，自己这么辛苦教书，学生还读课外书籍，肯定气不打一处来。但是一个老师的几句话，活活地把一个孩子给整死了，这就是中国老师的本领。如果我看到一个孩子在读课外书籍，我上课时不会去说这个孩子，但我下课后肯定会把孩子叫到办公室来，我能做什么？我先买几本世界名著放在桌上，孩子来了以后我就先送她一本世界名著，比如《静静的顿河》、《战争与和平》、《红与黑》等等，并说老师也喜欢读世界名著，但是咱们能不能商量一下，如果你在上课的时候读课外书籍，我不管你的话，那别的学生也可以读课外书籍。如果全班同学都读课外书籍的话，那么老师就没法教课，老师一点点自己的尊严都没有了。所以能不能请你上课的时候还是听我讲课，下课以后你怎么读课外书籍都行。如果你还想读世界名著，你可以到老师这来借，或者让老师来给你推荐也可以。从此以后，你想这个学生会是一个什么样的状态。她一辈子会尊重你，把老师当做神一样尊重，她上课的时候肯定不会再读课外书籍，老师讲的任何一句话都会听在心里，最后说不好还成为了一个文学家或作家。一件简单的事情用不同的方法处理会有不同的结果。我们现在的问题是，老师除了自己的学科以外，自己都不读书，看到别人读书还恨别人，更不鼓励学生去读各种各样的课外书籍。但是高中三年，除了学科成绩以外，孩子是肯定要读一些课外书籍的，不一定一星期读一本，但是一个月读一本世界名著对学习会有伤害么？没有伤害的，对不对？我们中国的教育体系，语文课本就那么薄薄的一本，选的文章据说现在要把鲁迅的文章都给拿掉，真是荒谬。我女儿现在是初三，在国外上学，她上的语文课，是没有教科书的。一学期四本世界名著，一年八本，一直要读到高中毕业。她现在正在背莎士比亚的《罗密欧与朱丽叶》，背完了就是上课讨论，老师分析。就这样的教课方法，四年下来，读四十本左右的世界名著，每本名著都是老师引导着学生。但是中国没有这样的体系，那我们鼓励孩子稍微读一点这样的世界名著，会对孩子的心情有良好的作用。一个不爱读书的人，请问他最后能成功么？爱因斯坦是伟大的科学家，但不要忘了爱因斯坦几乎把世界上所有的名著都读完了，而且爱因斯坦还是世界上著名的小提琴家之一。教育永远不是单项就行的，而是综合性的。我们为什么不鼓励孩子们读书呢？现在走进中国的图书馆，放世界名著的那个地方都有灰尘的，没有灰尘的都是那种教辅、教科书的地方。这是教育的偏向，但是我们校长是有能力纠正的。这是我们要做的事情。

我们要做的最重要的事情，就是给孩子们有尊严的学生生活。

我们要做的最重要的事情，就是给孩子们有尊严的学生生活。我是全国政协委员，有资格在人民大会堂听政府工作报告，所以这次温家宝总理的政府工作报告中，我读到了一句话并且马上就记住了，这句话是："让每一个中国人都有尊严地活着。"这是不容易做到的，因为我刚才说过中国是一个上层人决定下层人命运的社会。你想要一个有尊严的社会，是必须让每一个人在人格上都是平等的。在中国社会中，这一点很难做到。但是我觉得我们至少在学校里可以做到让每一个学生、老师有尊严地活着，因为学校关起门来就是一个平等的地方。校长自然要管老师和学生，但是校长更多的是用爱心来管理学生和老师，让大家一起共同成长。尊重每一个学生的选择，尊重每一个学生的人格，尊重每一个老师的人格，用人性的方式来进行交流。我最怕的是，老师和家长对孩子教育的时候训斥、怒骂、指责、侮辱。很多老师侮辱了学生自己都是不知道的。同样一件事情用不同的处理方法，如课外书的例子，不同的方法处理的结果是完全不一样的。我们中国的教育，家长不会说话，老师不会说话，学生跟着一起不会说话，一说话就伤人，一说话就不尊重人格。请问在这种情况下，我们怎么让每个人都有尊严地活着？所以，这就是我们在讨论的教育质量的问题。

我觉得教育质量的问题不是成绩的问题。我们在座的每一位校长和老师对成绩如何提高，都是顶级专家。我觉得我们做老师的，要培养孩子的心情，培养孩子充满诗意、热爱生命的精神；培养孩子不管遇到什么艰难挫折，都对未来有信心的勇气；培养孩子们热爱读书的习惯，让孩子们感到生长在这个社会里我是有尊严地活着的——这就是教育最重要的内容。

创业的八大能力

——多伦多大学创业论坛视频讲话

各位多伦多大学的同学们，大家下午好！

非常高兴来给大家讲话，也非常抱歉由于工作原因没法亲临现场跟大家进行交流。这次给我的主题是有关大学生创业的问题。我想关于大学生创业，主要体现在以下八个能力上，这八个能力只要大家注重培养，就有可能取得成功。

第一个能力就是目标能力。大家都想创业，谁不想当自己的老板呢？可是你还得问自己几个问题：为什么要创业？你有什么样的目标？想把它做成什么样的状态？我们不是为了创业而创业，而是为了做好一件事情，做大一件事情，并且前提是你在进行自我评估后发现这件事情有可能实现，这个时候你才能够开始创业。如果说你都没有目标，只是一时的冲动，只是觉得你应该去干点什么，并且对所干的事情又没有太多的热爱，那创业就只不过是一种冲动，而不是现实，你也不一定能做成大的事情。

就我个人而言，我当初做新东方的时候，有一个非常明确的目标。那时候我从北京大学辞去大学老师的工作出来做培训机构，我希望自己能做成一个真正有意义的培训机构。也正是有这个目标，新东方的培训事业才蒸蒸日上、不断前进。随着培训的开展，新东方的目标也在不断改变，从最初的做一个学校变成在全中国各地开设新东方学校，到现在我们已经做成了美国上市公司。

总而言之，你的目标是上升的，但基础是不会变的。比如说我最初做新东方的基础就是想做成一个有品牌、有品位、为学生前途负责、让学生喜欢的培训学校。从本质上来说，新东方到今天依然是这样的。所以，我觉得目标能力对创业来说非常重要，而且你全心全意热爱这个目标的能力也非常重要。除此之外，你需要注意的一个问题是：你的这个目标一定是能够做大的，而不仅仅是为了自娱自乐。比如说你喜欢书法，这是个人行为，没有必要去创立一个书法公司。

第二个我觉得非常重要的能力是专业能力。如果你对一个专业不懂就去创业，失败的可能性也很大。就像你开了一个饭店，假如你自己不是厨师，又没有太雄厚的资金一下子请很多厨师，就很难把控饭店的质量，而且很容易被大厨师反炒鱿鱼。比如你请了一个大厨师，他做的饭很好，招来很多顾客，这时候他一看自己的地位很重要，就反过来跟你要价，说不给更多的钱就不干，你一生气把他开了，这样一来你饭店的菜也做不好了，最后面临倒闭了。十几年前我开始做新东方的时候，周围的很多培训机构都是被优秀老师炒鱿鱼给炒倒了。也是因为他们课上得很好，学生很满意，老师就开始向老板要价，老板自己又不懂教学又咽不下这口气，最后老师都跑到别的培训机构去了，老板就只能把学校关掉了。新东方当初能做下来，很重要的一个原因是我自己就是个大厨师，新东方当时开设的很多课程，我自己都能教，因此我的老师在拿到他们觉得比较满意的工资后，就不会跟我提出非分的要求。他们知道，一旦提出过分要求，我自己能把他们的课上了，同时又不会对新东方造成太大伤害。所以，当你白手起家、身无分文，或者资金有限的时候，有一个重要前提就是你必须是你创业的这个领域中的专家，是一个能控制住局面的人。如果你开一个软件设计公司，自己都不懂软件，首先你把控不了质量，其次你把控不了人才，会很麻烦。这是第二点，就是原则上你必须在想创业的这个领域具备相当的专业知识，达到专业水平，才能有创业中的专业把控能力。

> 我们不是为了创业而创业，而是为了做好一件事情，做大一件事情，并且前提是你在进行自我评估后发现这件事情有可能实现，这个时候你才能够开始创业。

第三个能力是营销能力。一旦开始创业后，你该怎么做？比如说你的公司开了。产品也造出来了，下一步怎么办呢？如果产品造出来没人买的话，那公司白开了。有无数的公司都是开起来了最后却关门了，其根本原因之一就是他们不懂如何推销自己的产品，推销自己的公司品牌。因此我们要做的是把公司“卖”出去：一个是卖公司的产品；另一个更重要的是随着产品的销售，卖公司的品牌。让大众认可你的公司品牌，让大家都知道这个产品是从你公司卖出来的，这就涉及营销。营销分两部分：实的营销和虚的营销。所谓实的营销，比如我做新东方，营销的是新东方的课程，告诉学生为什么要来上这个课，上完能有什么收获。但是无数的培训机构一直以来也在营销课程，却始终只是小机构，而新东方能做大，这是什么原因呢？很简单，因为我们营销了品牌。就是说，新东方开始不断有内涵，到最后人们不是因为听到新东方有什么课程来上课，而仅仅只是听到新东方三个字就来上课，这个时候品牌营销就算是成功了，这就是虚的营销。在中国做企业，品牌营销往往还跟个人营销结合在一起，就是说你个人的形象有时候能够代表企业形象，因此往往要把个人的道德、行为和企业的道德、行为结合起来。比如大家讲到新东方的时候会说，新东方就是俞敏洪，俞敏洪就是新东方，讲到联想公司的时候会说，联想就是柳传志，柳传志就是联想。

因此在中国，个人品牌的成长很大程度上就是企业品牌的成长，而企业品牌的成长倒过来也带动个人品牌的成长，这两个加起来形成公司强有力的虚的营销。加上你的产品本身也能被老百姓所接受，这样产品才会有价值。

举个例子，一个生产鞋的公司，没有任何名气，尽管鞋的质量跟著名品牌鞋的质量不相上下，但品牌鞋卖一千，没有品牌的也许只能卖一百，这中间差的九百块钱是怎么来的呢？是品牌营销，没品牌价格提不高。一个公司要成功，品牌营销有时候甚至比产品营销还要重要，品牌营销的价值是无限的。这就是为什么我们中国造的包只能卖一千人民币，同样材质的包印上LV的标志之后就能卖十万人民币，这背后都是品牌价值在起作用。所以，利用营销能力把产品推销出去，把品牌推销出去，把你自己推销出去，成了企业发展的一个重要手段，也是创业者必须具备的能力。

第四种能力叫转化能力。第一种转化是把科学技术转化成生产力，这是我们常说的一句话。你拥有了技术，拥有了能力，但没法转化成产品卖出去，这是不行的。比尔·盖茨要是一辈子待在实验室的话，我估计他就是个穷光蛋了。他把自己的研究成果转化成了微软产品，推销到全世界，他就成了全世界的首富。所以，把科学技术转化成生产力、转化成产品的能力是非常重要的。第二种是转化你个人的能力。一般情况下，知识分子创业都有一个前提条件，就是能把在大学里学的专业知识转化为社会能力、管理能力。比如我从北大出来，完全不知道社会是什么样子，如果说抱着书生意气，抱着在学校里的那种单纯思想和行为方式去干事情，难度会比较大，即使在西方社会也是这样，更不用说在中国这样一个复杂的综合体里面。因此，如果你不能把大学里的专业能力转化为社会能力、管理能力，就会很麻烦。你管自己一个人的时候也许管得很好，但管一帮人并不一定行，那么你就需要学会从管自己一个人转换成管一帮人，也就是说把专业能力转换成综合能力，把专业才能转化成领导才能。而这种转化是要经历很痛苦的过程的。我个人从北大出来，到最后觉得自己当了新东方的领导，管着一百多人的团体管得比较得心应手，至少花了五年的时间。能力是能够成长的，现在我在新东方管着近一万人的教师和员工，依然没出现大的差错，表明了管理能力的提升。所以人的能力是在不断转化的，关键是你自己要努力去转化，比如有很多大学生性格很内向，不愿意跟社会人士打交道，那你要想创业的话，这个交道是不能不打的，不打的话你就封闭了自己，同时把可能成功的机会也封闭了。

第五个能力是社交能力。进入社会，首先你要理解社会，要理解别人为什么要这么做。我刚开始出来创业的时候，社会上那些风气啊三教九流啊，我完全不懂，跟他们打交道的时候觉得特别吃力，新东方的发展也处处受制于人，一会儿居委会的老太太来把我骂一顿，一会儿城管的人来了又把我罚一通，最后弄得没脾气。我慢慢学会了把自己的心态放平和，去理解这些社会上的人，最后当你开始混迹于这个社会，并且思想和境界又超越这个社会的时候，你大概就能干出点事情来了。你不能显示出不愿意跟社会打交道的样子，但你看事情的眼光又是超越社会的，“大隐隐于市，小隐隐于山”就是这个概念，小的隐士、没有什么出息的隐士才跑到山里去隐居起来，不愿意跟社会打交道；那些大的圣人、智者都是在社会中跟人打交道而思想境界又超于社会的人。做企业也是这样，一个企业家，如果不能和社会同存却又超越于社会，就会很麻烦。因此社交能力对一个企业家或创业者来说十分重要。

第六个能力是用人的能力。仅仅一个人做事情不能叫创业，那叫个体户。想创业的话你就得找一帮人，你的合作伙伴，你的同事，你的下属这些人，从一开始你就得用对了，挑了没有能力的人最后做不出事情来，挑了过于有能力的人最后跟你造反、老是跟你过不去，你也做不出事情来。把人招进来了就得让人服你，因此就得展示你的个人魅力，还得展示你的判断能力、设计能力，让大家觉得跟着你走是有前途的，哪怕在最艰难的时候大家也愿意跟着你。阿里巴巴的马云之所以能成功，很大程度归因于他的个人魅力。他有能力把一帮人聚在一起，给他们不高的工资，给他们承诺未来，这个未来到最后不管能不能实现，大家至少会有一个期盼。因此，用人能力是有巨大力量的，它是领导能力的一个典型体现。当刘邦打下天下，手下问他为什么能做到的时候，他说了这样一番话："其实我自己一点本领都没有，但我能够用萧何、韩信、张良等这样的人才，是他们帮助我打天下；项羽身边有一个范增，他都没有能力好好用上，最后一定被我抓起来。"这就体现了领导能力的重要作用，一个孤军奋战的人也许能成为英雄，但却不能成就事业。而刘邦，不管他有没有打过仗，他都是我们心目中的英雄。刘邦更是领袖，因为他创建了一个几百年的帝国朝代，容纳了那么多的有识之士。

所以，用人能力对我们来说是非常重要的。假如新东方没有相当一批人才，是做不到今天的。新东方有一句话叫做"一只土鳖带着一群海龟在这儿干"，这只土鳖就是我，而海龟呢就是围绕在我身边的新东方几十个高层管理者，他们大部分都是海外留学归来的。大家都知道，海归本身眼界是比较高的，很多人眼睛都是长在额头上的，是很容易看不起土鳖的，所以我就必须抱着为他们服务的心态，同时我自己的学习能力必须超强，在很多方面必须接近甚至超越他们，他们才会服我，才会跟着我干。当然，当你想做出一番大事业的时候，会发现身边的人越来越多，各种各样个性、想法的人越来越多，你要能把他们统一在一起，既要运用利益的杠杆，又要动用感情的杠杆、事业的杠杆把他们完美地结合在一起，是一件挺不容易的事情。

第七个能力就是把控能力。它包括几个方面，首先是对企业的把控。企业的发展速度是什么？发展节奏是什么？什么时候该增加投入？什么时候应该对产品进行研发？其次是对人的把控，当一个人走进你的公司之后，他会根据自己的能力和贡献每天衡量自己到底应该得到什么，人与人之间永远会寻找一种平衡关系。人与人之间还有另外一种关系，就是每个人每天都在衡量我在对方心中的分量到底有多重，当对方觉得你的分量重、他没有分量的时候，他是不会来跟你计较的，等到对方觉得他的才能、他的技术或者他的领导力已经达到能和你较劲的时候，对方不提出来，那他就是傻瓜。所以，人与人永远都是在一种平衡中间，而这种平衡需要你对人性有很深刻的了解，并且随时把握每个人的动向，满足他们的需求，还能压制住他们不合理的要求和欲望，能够让他们跟你一条心、不断往前走。其实，对人的把控能力、对环境的把控能力、对企业发展步骤的把控能力，构成了你创业是否成功的重要条件。

最后一个能力就是革新能力。所谓革新能力就是需要你不断把旧的东西去掉，把新的东西引进来，进行体制上的革新、制度上的革新、技术上的革新以及思想上的革新。从我自己做事情的过程来看，一个人或者一个企业家成长的过程，就是不断否定自己的过去，承认自己的现在，追求自己的未来的过程。一旦你觉得现在这样就已经挺好，做成这样已经不错，就不会有更大发展的空间。我在新东方，经历了无数次的否定。新东方从个体户发展到家族店，然后变成哥们合伙制，接着变成国内股份制有限公司，然后发展成国际股份制有限公司，最后变成美国上市公司，每一个步骤都是脱了一层皮的，因为每一次改变都意味着要进行大量的利益改革和结构改造，以及大量的人事改革和改造。如果改不过来，企业就有可能面临崩溃。当初跟我一个时期做外语培训班的人，很多到现在依然是夫妻店，这是我15年以前的状态，但新东方迅速把夫妻店改变成了现代化的企业，每年培训150万学生。每一次的改革伴随着阵痛，但也伴随着发展，而改革还得把握好步骤，如果改得不好、改得太猛了，企业也有可能崩溃掉；但如果停滞不走，也会崩溃掉。这就像中国社会的政治经济改革，如果想一步到位，一下子把所有东西都现代化，那会有危险；但若不改，就会陈旧落后，也很危险。因此，每走一步都要小心，又不能不走。企业的改革也非常重要，比如说在技术方面，你不更新的话，最后就会失去市场，也会失去机会，在这一点上我个人非常佩服苹果公司的老总Steve Jobs。他刚开始在苹果，后来离开苹果公司之后他又做了动画公司Pixar，动画电影做得很有创意，后来又开始研究iPod，iPod还在热销的时候他又开始研究iPhone，现在iPhone也在全世界热销了。所以每走一步，他的思想都是超前的。尽管Steve Jobs得了病，身体很不好，但他的思想是健康的，是一位创新、革新的英雄和时代的弄潮儿，我们要做企业就得向这样的人学习。

总而言之，以上提到的八种能力，是我觉得在创业中很重要的八种能力，也是人们成就大事业的八种能力。讲这些话，希望跟同学们共勉，也希望大家在多伦多大学这样的世界名牌大学毕业后能回到中国创业，有事情还可以来找我。祝大家成功，谢谢大家！

新东方成立15周年讲话

各位同学，各位新东方人，大家晚上好!

今天晚上必将是难忘的一个晚上——新东方经过15年奋斗走到了今天。坦率地说,我从来没有想到新东方能走到今天，也从来没有想到走到今天会这么辛苦。但是事情就是这么做出来的，中国从贫困开始走向富强，我们每一个人从零开始走向有，从物质上的贫困走向物质上的拥有，从精神上的贫困走向精神上的富有。生命需要一路成长，我从新东方本身的发展，体会到了我们可以做很多我们意想不到的事情。当新东方只有13个学生的时候，我没有想到新东方现在一年能够培训150万人；当新东方只有一辆自行车的时候，我没有想到现在全国新东方拥有了那么多的现代化设备；当新东方租着别人的传达室作报名点的时候，我没有想到新东方会拥有今天这样一栋漂亮的大楼；当新东方是一个学校的时候，我们在座的可能没有任何人会想到，新东方会变成纽约证券交易所的

一家上市公司，而且是到现在为止中国教育领域中做得最成功的上市公司。这一切我们都没有预料到，但是我们做到了。

面向未来，我们也没法预料新东方到底能够走多远，但我们可以预料走向未来的路会更加辛苦，只要我们有这点心理准备，我们也许还能够走得很远。一个人会有无穷无尽的潜力，一个机构也会有无穷无尽的潜力。我们会遇到困难，我们会遇到痛苦，我们会遇到失败，我们也会遇到退步。但是，只要我们的心是向前的，我们的生命就会向前，我们的事业就会向前；只要我们在座的每一位新东方人、每一位学生对自己充满信心，你就能够有美好的未来；只要你们对于新东方充满信心，新东方就会有美好的未来。

对于新东方本身，我的感情是非常复杂的。我非常爱新东方，可是有的时候也很恨新东方，当我在新东方待了很久以后，有时候可以离开新东方那么一两天或者三四天的时候，我心中会充满一种兴奋的感觉，总算可以离开这个要命的地方了。但是只要离开几天以后，我的心就会飞回新东方。有时候我到国外去度假，或者专心照顾我的孩子和家人，前面两三天会感觉到很舒服，因为总算可以睡一个安稳觉了。但是几天以后，我的目光就开始跃过院子看向远方，我老婆就问我说你在干嘛呢，看谁呢，我说谁也没看，但是心里就开始空了。为什么空了呢？觉得新东方离我远了，通常我最多离开新东方一个礼拜，就会匆匆忙忙赶回新东方。当我离开新东方办公室的时候，我看见谁都想恶狠狠地盯一眼，想着你们跟着我干嘛，这个地方有什么值得留恋的？但是回到新东方办公室的时候，我看见每一个人都想拥抱。即使在我身边日夜为我开车的、看上去长得很难看的司机和保安们，我也想拥抱他们。新东方从无到有，从有到大，我觉得她是我的孩子，是我的朋友，更是我生命的依靠，当然也是很多其他新东方人的朋友和依靠。我想来想去，这辈子也许是离不开新东方了。有时候我也希望自己有点时间读读书，有点时间再去感悟一下不同的人生，离开这里远远地看着新东方，看着她在风起云涌之间潮起潮落；但是我可能做不到，因为每当我离开新东方的时候，会觉得我的生命开始散去，每当我走近新东方的时候，就发现我的生命、我的生命力以及我对生命的热爱，开始在我内心膨胀。也许到最后就像禅宗所说的那样，其实你只要心有所悟，天天在新东方，就算扫地、做饭，也是一种禅的境界。我一直在寻找生命的更高境界，但是也许在新东方工作就是我生命的最高境界。

> 尽管新东方赚钱了，尽管新东方变成了上市公司，但是有一点我可以肯定，新东方从来没有把赚钱本身变成自己的目标。

常常也会有人问我，说新东方为什么能做到今天，因为像培训这样的领域，要做到新东方这么大还是挺难的。其实很简单，我们新东方只是抓住了两件事情做到今天：第一，我们在做正确的事情；第二，我们在做正确的人。说到底就是做事和做人。新东方从一开始培训学生到今天，我们不敢说自己有多么崇高，但我们一定可以说新东方从来没有做过坏事。也许有学生来到新东方并没有进步，但是不太可能会有学生来到新东方后学习和生命反而退步了。我相信大量的新东方学生，包括员工、老师来到新东方，生命都有长进，能力都有长进，未来也应该更加辉煌。

新东方一直在做好事，只有这样事情才能做得长久。尽管新东方赚钱了，尽管新东方成了上市公司，但是有一点我可以肯定，新东方从来没有把赚钱本身变成自己的目标。我们的目标一直是让人的生命变得更加灿烂，让人变得更加幸福，这是我们新东方的宗旨。我们要让失败者重新追求成功，我们要让成功者更加成功。

说到做人，其实很简单，新东方一直弘扬的是做一个正直的人、坦率的人、透明的人、可以犯错误但能从错误中吸取教训的人。新东方也犯过错误，我们也从自己错误中吸取经验，并且改正，使新东方变得更加完善。我也犯过很多错误，四十多年的人生，我一直试图从错误中寻找智慧。现在我也还在犯错误，但犯错误不可怕，可怕的是犯了错误自己不知道，可怕的是明知犯了错误但是不肯改正。所以，做一个人，一个新东方的人，我们都要知道，什么叫一个正直的人，什么叫一个能够坚忍不拔、从奋斗中寻找希望的人。

正是因为做事、做人在大方向上新东方没有大错，我们才走到了今天。也正是基于这一点，我相信新东方未来一定会走得更远。

我们要感谢这个时代。是中国的改革开放、是中国的发展、是中国从无序状态走向有序状态的过程为我们提供了舞台，为我们提供了机会，为我们提供了向上的希望。不可否认，和新东方一样，中国还有太多的不完美。我们2008年有过非常辉煌的奥运会，我们有了神舟七号的上天，宇航员在太空行走，这一切都让我们激动。我们也有了百年不遇的自然灾害，有雪灾、地震。我们看到了中国人民在抗击灾难时体现出来的团结精神和民族力量。当然，我们也看到了让我们灰心丧气的事情，像三鹿奶粉等等这些事件，令我们感到中国还有太多的问题。但是，我想告诉在座的每一个人，这些问题在一个不断发展的社会中，在一个从不健全走向健全的社会中，产生是必然的。当我们知道这是一条必经之路时，我们也许可以更加坦然地走过，就像我们从少年走向成熟，必然会犯各种各样幼稚甚至愚蠢的错误一样，只要我们愿意成长，就必然走向成熟。中华民族是愿意成长的，中华民族是喜欢繁荣富强的，中华民族是喜欢井然有序的诚信社会的。基于此，我对中国充满了期待，也充满了信心。我们在座的每一个人都是这个国家的一分子，我们每一个人都希望自己向上，也希望祖国繁荣，有了这样一份信心，有了这样一份情怀，我们相信未来的中国一定会越来越强大，一定会越来越繁荣，也一定会让生活在这片土地上的人民满意和骄傲。

在这样的一个大环境中，尽管我们会遇到挫折，会遇到艰难，会遇到痛苦和泪水，但是我相信，和我们的祖国一样，新东方也会走向更加繁荣更加辉煌的未来。谢谢大家！

伍 第三只眼

俞敏洪普通得让人惊讶。几天前见他时，是在一家宾馆的大堂。一件不知穿了多久的T恤，被很随意地扎在牛仔裤里，脚上是一双深色运动鞋。如果单从穿着上看，这个身形瘦削、文气很重的中年男人更像一个失意的大学讲师。事实上，他很早就被冠以『留学教父』和『创业英雄』，也是公认的中国英文教育行业中独辟蹊径的领袖人物之一；而在《时代》周刊的描述中，这个一手打造了新东方品牌的中国人更被称为『偶像级的，就像小熊维尼或米奇之于迪斯尼』。然而，创造了多重神话的俞敏洪却不像人们想象的那么『惬意』。在公司内部期望和华尔街严格的资本体系推动下，他就像一颗高速运转的行星，在学校、投资者、股东和媒体之间的轨道上来回穿梭。他坦言压力很大，也很疲惫，甚至『后悔把新东方做大』，后悔『把新东方弄上市』。

上市一年间的俞敏洪

来源：新民周刊

编者按：

俞敏洪普通得让人惊讶。

几天前见他时，是在一家宾馆的大堂。一件不知穿了多久的T恤，被很随意地扎在牛仔裤里，脚上是一双深色运动鞋。如果单从穿着上看，这个身形瘦削、文气很重的中年男人更像一个失意的大学讲师。

事实上，他很早就被冠以“留学教父”和“创业英雄”，也是公认的中国英文教育行业中独辟蹊径的领袖人物之一；而在《时代》周刊的描述中，这个一手打造了新东方品牌的中国人更被称为“偶像级的，就像小熊维尼或米奇之于迪斯尼”。

一年前，俞敏洪在纽约证交所敲响了上市的钟声，新东方作为中国首家教育概念股受热捧，股价上涨强劲。该股截至 8月31日的收盘价为52.95美元，较15美元的首次公开募股价上涨了3.5倍多。

然而，创造了多重神话的俞敏洪却不像人们想象的那么“惬意”。在公司内部期望和华尔街严格的资本体系推动下，他就像一颗高速运转的行星，在学校、投资者、股东和媒体之间的轨道上来回穿梭。他坦言压力很大，也很疲惫，甚至“后悔把新东方做大”，后悔“把新东方弄上市”。

在他离沪之前的短暂时间里，我们聊起了他的感受、成功和对未来的期待。

为什么后悔

记者：新东方上市一年了，现在感觉怎么样？

俞敏洪：一方面感觉压力比较大，上市后实际上是把内部压力转化为外部压力了。以前内部人员拼命在问，新东方做得怎么样，新东方怎么做；现在变成外部投资者在问你做得怎么样，怎么做了。

另一方面，感觉“做教育”和上市还是有一点冲突的。作为一家好的上市公司，你就要铁定做到收入增长多少，利润增长多少，以及人数要增长多少。但对于一个教育机构来说，它的最大的可持续性发展的保证，是在于它的教学质量，而并不在于它的学生每年增长了多少。

由此我就陷入这个矛盾，一方面要保持公司的可持续增长，另一方面要保证教学质量同步增长，这都是需要时间的。单是去年一年，新东方在教师培训管理上的投入就几千万。原来我做事比较从容，上市前也从未算过新东方每年增长率是多少。我会从容地把该花的钱都花掉。现在别说“从容地花钱”了，有时候还要省下来变成利润。

所以，对我来说，这种状况就成为一个较难平衡的状态，也是比较痛苦的状态。我本人比较喜欢悠闲地去做一件事，这点被上市给破坏了。

记者：你之前曾说过“后悔把新东方做这么大”，现在还后悔吗？

俞敏洪：两个后悔。第一后悔是把新东方做这么大，第二后悔把新东方弄上市。对我个人生活来说，两个决策都是错误的。但是，这又不是以个人意志为转移的。

当时新东方初创时，肯定想做大，做到了一定程度觉得对我个人生活也够了，平时有点时间去旅游、写写书不是挺好吗？但是在做大的过程中，别人又参与进来了。当你认为自己做得差不多的时候，周围的合作者又会说不够好，他们希望你继续做。但同时随着人员增加了，利益纠纷增加了，结果你就发现自己主动做的感觉开始慢慢消失了。比如说像新东方上市，开始的时候就我个人而言是不想上市的。但当时面临着竞争的问题和内部利益分配的问题，全世界的资金都在找中国的投资项目，而很多基金已经开始找到了教育领域，万一真有一家外语培训机构比新东方早上市了，那么从竞争和资金上来说，新东方将会面临一个强大的对手。

记者：可以说你是被别人推着走的？

俞敏洪：对。如果说新东方从最初的发展到做大的过程中还有我许多主动因素的话，上市从本质上来说是一直被推着走的。外来竞争对手也算一个推力。内在的推动更厉害，因为公司发展到一定程度后，大家都拿了新东方的股权，股权变现是每个人都关心的问题。能一下子拿到钱而且从某种意义上来说不需要承担太多后果，那当然是大家很愿意的。

当然，新东方最终还是被推上市了，其中一部分原因是为了化解内部矛盾，否则新东方内部的人、循环在内部圈子里的人大家搅和，搅和到最后都觉得没有出头之日。一旦上市以后就有出路了嘛。所以，在内外因素的推动下，我还是决定上市。从我个人的心情来说，我至今还认为不是我个人最佳的选择。但它可能是新东方和新东方人的最佳选择。

记者：可是你曾经也提到上市是你目前为止最成功的一个商业决策。

俞敏洪：它的确是个成功的商业决策。从竞争优势、国际化速度、外部资本合作、内部矛盾化解，以及新东方管理层的崛起、规范的建立来说，它肯定是个很成功的商业决策。

记者：你的生活这一年发生了什么变化吗？

俞敏洪：总体来说没有太大变化，还是跟以前一样忙。如果说有变化，就是把原来跟新东方内部人交流的时间，分出一大半跟外部的人进行交流，包括各种各样的投资者、股东，还有各种各样的国际会议，都得参加。第二个变化，就是更加被公众化了，个人生活空间受到很大挤压。

性格决定命运？

记者：我们知道，你在成功前经历过很多挫折，包括考大学、出国，包括新东方上市前内部的一些矛盾等等，是什么让你一路走过来的？是性格还是其他因素？

俞敏洪：应该说我个人的性格起了很大作用。比如我性格中有些坚忍不拔的成分，做事情非要把事情做得相对好。当年我考大学，第一年没考上考第二年，第二年没考上考第三年；出国也是联系了四年，当然最后没有成功；后来做新东方做了十四五年，还在很认真地做；在北大当老师当了六年半。总体来说，性格里还是有一种坚忍性，不会随便放弃。

第二我比较有上进心。不是说要得第一名，而是自己有进步心态，比较善于学习。从小学到中学到大学，我都没有得过全班的前20名，但还是坚持在学。由于有这样的上进心，潜移默化地最后就做成事情了。

第三点，我比较有耐心和宽容度。这一点在做新东方后看出好处了，因为一帮子人在一起总有各种各样的摩擦，各种各样的斗争，也会有各种各样的伤害，我能容得下的话，就不太会把事情弄到极端，就很容易让大家重归于好。

第四，我觉得自己做事还是挺有原则的。凡是违反了我认为不该违反的准则，我是毫不留情的。所以，新东方也有被我开除的老师。

记者：新东方的成功还有一些自己的特色，比如说老师讲课有幽默感，善于鼓励等等。那么上市以后新东方的特色有没有发展？

俞敏洪：这种特色不受公司上市的影响。像幽默、励志、充满激情的讲课、讲课时内容要极其熟练等等，这些元素新东方依然保持得非常好。

记者：那么有没有内涵的提升？

俞敏洪：关于内涵，我们希望把新东方的精神、理念和新东方的励志等系统化，让它能够施惠于更多的人。上市后新东方要考虑发展，我们可能会把这套系统扩展到更大的领域中。

记者：在业务上，新东方会有新的扩展计划吗？

俞敏洪：从业务方面来说，新东方现在主体还是外语培训。未来我们可能会扩充到中小学的同步培训，当然是除英语之外的课程。实际上，我们现在的中小学英语同步培训已经做得相当厉害了，一年几十万学生。对于化学、物理、语文、数学等课程，我们现在也可以做了。还有，我们现在已开始做学前教育，比如说幼儿园，我们现在已经开始进入了。除此之外，职业和就业培训也是我们的方向。还有就是我们之前做的图书编辑与出版、杂志编辑与出版、远程教育等等都在逐步增长，不会有大的改变。

记者：能谈谈新东方上市之后的价值所在吗？

俞敏洪：我个人觉得新东方是很有价值的。原因很简单，因为新东方是个教育机构，我很自信我们传授给学生的终究是有用的。所以，从这个角度来讲，新东方为中国孩子们的成长还是作出了贡献的。我也因此觉得新东方有非常合理的存在价值。

记者：你认为新东方在中国外语教育的质变过程中扮演了一个怎样的角色？

俞敏洪：它起到了一个催化剂的作用，即在部分意义上改变了中国外语教学的模式，但不能说它起到了革命性的作用，因为它实际上只是在原有中国老式教育基础上增加了一点点灵活性的东西。但是，我希望新东方未来能对中国的整个教学体系带来一些改变，能使得课堂气氛更活跃，使老师能更真实地跟学生进行交流，老师能对学生未来的人生道路、对他们的发展起到真正的指导作用。

要办最好的精英私立大学

记者：上市之后，新东方直接面对华尔街对上市公司的严格规范，你觉得这些规范给新东方带来了怎样的影响？

俞敏洪：现在对新东方来说，每个人手里有多少股票是一清二楚的，每一股都登记在证监委的文件上。对于后来者来说，你进来拿多少工资和奖金，未来能做到什么程度，也都写得一清二楚。既然这样，就不存在太大的利益纷争的问题。唯一可以争论的日子，就是在我们每年的新东方薪酬讨论日。这是什么概念呢？比如说你是新东方某学校的校长，今年我给你定了一个工资标准，要签薪酬确认函，确认今年你拿的福利薪酬奖金。我说，你看我给你这么多工资，年终你做到什么程度、完成什么预算就拿多少奖金，你预算做好了、团队建设好了，你就能拿多少期权，你的旅游费一年大概会有多少。这是我定的价，对此你可能有两种反应：一种说OK，我就这么干了；第二种，你可能觉得跟自己的能力和期望有差距，那么你可以跟我争，争得有道理，我就照你说的改，重新写合同。这是上市后带来的一个重大好处。

第二个好处，就是上市监管极其严格。首先，我之所以选择去美国上市，就是因为它监管严格。我是读了它的条款的，一条一条读完，读完以后我就想，新东方能不能做到？

上市最严格的一条规矩，就是作为公司的第一把手，任何时候都不能造假，任何时候都不能有幕后行为。此外，它的《萨班斯法案》404条款是一个针对内部控制的条款。我想，对于这些条款新东方如果能做到的话，那公司就不用我管啦，因为它能自动管起来——从人力资源到财务到行政、市场等，一条一条的规矩，一环紧扣一环。而这是我们自己做不出来的，一定要让它像一把剑悬在头顶，让大家知道。但是坏处也太多。从上市到现在一年，我们为了内部控制的完善已经花了一两千万，这可都是净利润，也挺心疼的。

记者：你现在首先是一位英语教师，也是一个商人，还是老板。怎么看待自己的角色定位？

俞敏洪：各个阶段有自己不同的角色要求。就像一个人一天的角色转换会很多，回家是父亲和老公，到外面是公司老板，到了更大的老板面前自己变成了雇员。所以，我的角色是很灵活的。

如果让我选择终生职业，我是愿意去当一个老师的。但是让我现在定位角色，我应该算是一个老板，因为我手下有六千多个员工和老师，我能否对新东方指挥得当，部分意义上决定了他们的生计。如果能胜任，我觉得这就是我最大的贡献了。如果从商业原则上来说，我又是商人、企业家。我一直认为商业精神是人类有文明历史以来、发生利益交换以后最伟大的原则。西方社会的平等，人与人之间的平等相待，利益交换的透明，诚信体系的建立，无一不是因为西方经过了两百年的长期商业竞争，最后总结出来的人类选择的最佳生存状态。所以我非常乐意把自己当成一个商人来看待，一个执行了诚信原则、平等交换原则、互惠互利原则的商人，而不是那种投机取巧、权钱交换的商人。

记者：上市一年来公司的运转很正常，也很顺利，那么你个人未来的目标是什么？

俞敏洪：实际上比较简单。首先是要把新东方做好。如果这一点能做到，也许我会慢慢从总裁和董事长的位置上退下来，去做几件大事。第一，每年资助500～1000名贫困大学生，帮助他们完成大学学业。这已经在做了。第二，我希望能以上市公司股份换到的钱去办一个真正意义上的私立大学。我希望它是一个包括经济、法律、商学、哲学、宗教等学科的小型人文精英大学，并且能够做成中国一流的私立大学。第三，如有闲暇的话多读点书，到世界各地多走走，把我的那份悠闲心情给拾回来。

记者：你已经是中国最富有的老师了，现在对财富有什么样的概念？

俞敏洪：我觉得之前说的一句话挺合适的，叫做“有财富未必有人生，有人生未必要财富”，就是说一个人有钱并不意味着他的人生就完美、幸福指数就比别人高。人生境界的高低和一个人一辈子过得值不值、有没有钱是没关系的。有智慧的人有了钱，会用钱让自己的人生更完善、更丰富、更完美；而没有智慧的人有了钱，会使自己变得更愚蠢。

培育年轻人的精神气质
——北大校友会采访俞敏洪

来源：北大商业评论

编者按：

新东方不仅仅是人们熟知的那个外语培训机构，它赋予了自己更多的意义——致力于培育中国年轻人的精神气质，以潜移默化的方式促进中西方文化的融合，推动中国社会的进步。

在俞敏洪身上，我们能够感受到这种精神的力量。一路走来，他经受住了艰难困苦、矛盾纷争、人性挣扎、疾病甚至死亡的考验。这些经历不断锤炼着俞敏洪的领导力，在成就新东方事业辉煌的同时，也让他获得了心灵的成长。

而他和新东方，依然在不断地超越。他希望在中国办一所非营利性的私立大学，让中国的高等教育体系不再“一条腿走路”。他说：“前方一定会有很多的困难，但我不急不躁，有耐心。今年我46岁，我觉得自己还有时间，还能做完这件事。”

新东方是一家教育机构，面对众多的大、中学生。在与学生们打交道的时候，我发现了一个很重要的问题：中国学生有追求前途的愿望，但由于整个社会大环境的影响，他们身上有两点非常欠缺。

第一点是他们的人生方向与本身的精神状态有欠缺，比如面对挫折、失败时的心理状态、坚忍程度，以及对未来执著的追求方面，这些学生与我们这一代人相比差了很多。第二点是在价值、道德体系方面欠缺了。很多人为了赚到钱，为了过上好的生活，可以采用一切手段。

总的说来，我认为是学生们的价值体系、行为体系和道德体系出问题了。因此，我觉得光教他们学英语是不行的，这很有点像当时鲁迅先生的“弃医从文”——鲁迅为什么不想当医生了？因为，他发现身体健康但精神麻木的人如同行尸走肉，对社会没有任何意义。所以，鲁迅先生决定扔掉手术刀，拿起笔来唤醒中国人民的意识。

我当然没有那么大的志向，但我觉得，如果光教给学生英语而不教给他们别的什么，最后培养出来的也许是一个卖国贼。就是说，一个民族的年轻人如果没有一种精神气质，那么，我们的教育是有问题的。

为年轻人确立价值坐标

基于这样的思考，除了技能教育，我在新东方的教学系统中加上了另外两个要素，即对学生的立志教育和价值教育。我一直希望把技能教育、立志教育、价值教育三个要素系统化地揉在一起，目的是让学生明白一个道理：你追求那些价值体系的东西以及自身精神状态的完善，最终的结果必然是更好地赚钱，过上更美好的生活。

企业也是如此。如果说我一门心思地想赚钱，新东方早就不存在了。因为学生一看这里就是赚钱机构，别的什么也不管，根本不会来新东方学习。赚钱是新东方经营教育的一个副产品。我要不要赚钱呢？我要，但是，当我把赚钱变成一个副产品，以其他东西为主的时候，新东方反而就成功了。

所以，一个企业，当它有价值体系、有社会责任体系的时候，一般都会成为一个比较良好的企业。从世界范围来看，这样的企业很少有倒闭的。

在中西融合中发现使命

中国传统的体系是以弘扬善和仁为主的。从春秋战国孔子时代开始，到新中国文化大革命以前的漫长岁月里，中国有一整套的道德价值体系，这套体系维护了社会的稳定发展，在当今中国人的血液里还存有这些东西。文革把所有传统的东西都打碎了，浩劫结束后，也并没有一个对这种体系的重建，中国紧接着进入了商业社会。

然而，进入商业社会需要有一个前提条件——要有商业规矩。中国没有商业规矩，名和利很容易成为人们唯一追求的东西。而且对于一个相对贫困的国家来说，进入商业社会，一定要经过一个“水与火”的年代，谁都挡不住。而中国的传统道德又被毁掉了，致使人们没有任何的心理底线。

而西方社会经历过从工业社会到商业社会的转变。当时，人们也拼命想办法谋取暴利，最后慢慢变成了以追求人权、平等，保证社会的稳定和安全，允许人们赚的钱能够保证其最低生活水准这样一个标准为主，而这一切是靠法律来实现的。

如果从两个社会系统来分析，中国是以道德治国，西方是以法律治国。那么可以看到，面向未来，中国以道德治国肯定是不够的。不管中国的传统道德恢复得多么好，也不足以使中国面向未来。因为我们现在不仅仅是在中国这个平台上，而且是在整个世界的平台上做游戏，需要有世界平台的游戏规则。

我一直认为中国传统的道德体系比任何一个国家都更加深厚，更具有一致性。现代中国对外开放以后，把西方世界体系性、法律性的东西吸收进来，所以未来中国将会是一个比较完美的社会发展形态。当任何两种文明没有任何障碍地结合的时候，繁荣就会出现，东西方的历史可以证明这一点。

而如今，西方文化进入中国，东西方文化的结合，至少在表面上表现出一种平等的方式。中国人现在很自然地接受西方先进的东西，包括西方的教育体系、金融规则等等。

在这样一个巨大的融合浪潮中，新东方潜移默化地承担了促进融合的使命。新东方不断地把中国学生送到西方去学习，送出去的学生中有一部分留在国外，但回来的人越来越多，而且不少都是在西方已经做得很成功的人。现在，从中央政府，到各个大学的校长，不少人都曾经在新东方学习过，他们既理解中国，又理解西方，回国之后把西方最精华的东西与中国优秀的东西结合在一起。

新东方并没有专门去做中西方文化的交流工作，浅层次的交流没有任何意义。因为简单地说，中国近一百多年的历史是一个由屈辱走向独立和繁荣的过程，容闳、詹天佑去美国，鲁迅去日本，邓小平去法国，他们对西方只是一种直观的感觉，所以从这个意义上来说，他们这一批国家领导人或者科学家，就是把西方一些直观的东西和一些技术层面的东西带回了中国。

我认为，中国和西方真正大融合的时代是从上世纪80年代开始的，而真正开始大批学生出国是从90年代初开始的。未来20年依然是中国学生的出国高潮。这次大融合所带来的结果是什么？就是这些学生出去以后再回到中国，把西方真正可操作的那套东西带回来，和中国的现实结合起来。因此，我觉得这一次的融合意义重大。从这个意义上说，新东方对于促进中西融合起到了比较重要的作用。从1990～2000年期间，大量的中国学生是被新东方鼓动出去的。可以这么说，由于新东方的存在，中国留学生的数量至少增加了一倍。

但是，我们发现出国留学的中国研究生有一个倾向：到国外后，自己做自己的实验，自己玩自己的，不跟外国人打交道，不去了解异国的文化、习俗以及法律。所以，我现在又在做另外一件事情，那就是让有条件的中国学生高中生毕业以后，直接去国外读大学。这些学生有一个最大的好处，就是进入国外大学后能非常容易地融入当地社会，把语言和文化融会贯通，这是由于本科的教学特色和学生年龄决定的。从今年开始，中国高中毕业就出国留学的学生已达一万人，这意味着未来十年之内，这批人会积聚到20～30万人。

对于新东方来说，这当然是一个市场；而对于中国来说，这就是一个人才的转机。因为这批人不光理解中国，而且深刻理解西方，知道怎样和西方人“玩”，玩到最后能够让西方人围着中国人转。中国未来真正的竞争力在他们那里。

所有的中国留学生都有一个特点，就是到了国外以后特别爱国。那是因为他们背后需要有一个支撑，这个支撑就是自己的国家。国家弱，中国留学生在外面没有面子；国家强大，他们在外面就有面子。现在中国的强大给这些学生未来留下足够大的空间和自尊，这一点特别重要。

超越是渐进的过程

新东方上市后，我的工作重心发生了转移。过去更多的工作是内部协调，现在更多的工作是处理外部关系，包括处理与投资者的关系、国际市场的资本关系、政府的合作关系，还有各式各样的社会活动关系。

但不论是过去还是现在，我更倾向于一个人独处来思考一些问题，尽管其实很难有这样的时间。我觉得，越是繁忙，就越可能失去大方向；越是麻烦，就越可能做出错误的事情来。心境不宁，必然不能致远。我现在最需要的还是给自己空间和时间，能够独立地来思考新东方的问题，同时把握世界和中国的发展大格局，因为把握大格局比把握组织本身的走向要重要得多。

对于新东方，超越是一种渐进，而不是突变。新东方从一个小小培训班变成全国性、大规模的教育集团公司；从完全不知道股份为何物的小公司，变成股份集团公司，最后在美国上市。可以说，新东方的每一步都是超越昨天走过来的。

未来新东方如何在各个方面超越自己，这是我一直在思考的问题。我认为，新东方下一步的超越绝对不是一种财富上的积累；也不是说今年有100万学生，明年有150万学生这种意义上的超越，而是一种境界上的超越。实际上，现在新东方的战略目标是把对家长的教育和对孩子的教育结合起来。

因为，中国孩子的教育问题，有一半可以归咎为家长的教育方式。未来三到五年时间里，新东方有可能成为中国最大的家长教育机构。一开始，我们对家长的教育会采取社会公益的方式实现，但从长远看，把家长教育和学生教育相结合，必然也会将这些学生变成新东方的客户。

如果中国家长和孩子的行为体系能够因为新东方的影响而改变，家长和孩子们既像中国传统文化所提倡的那样彬彬有礼，又懂得西方社会的格局，了解世界潮流的走向，那么新东方就又为中国做了一点事情。但这个目标需要和新东方的商业运作结合起来，是一个比较艰巨的任务。

我们的思路和方案都有了，新东方家庭教育研究与指导中心也已经成立。接下来会出一系列的家长丛书，培养一批专门针对家长演讲的专家，派他们到全国各地演讲。而我现在已经成了这方面的半个专家，刚好我有实战经验——我的女儿上中学，儿子上小学，我是个典型的家长。

锤炼领导力

我认为，作为领导人最重要的是要具备三种素质：第一，心胸比较宽广；第二，战略眼光比较远大，判断力比较准确；第三，有个人魅力，言行举止能够让人信服。

我认为自己有两个比较大的特质：第一是我特别能和别人平等相处。我对员工、老师、学生都很平等。我的管理层敢于在会上批判我，曾经弄得我无地自容，我也能够忍受。当然这并不意味着我没有领导权威。第二是遇到问题，例如发生利益冲突的时候，我比较能够忍受，并且能够给自己足够的时间冷静，再去处理问题。我做事情不极端，说话也不极端，这样就留下了很多余地。因为作为一个领导人，我背后是没有防线的，我是最后一道防线。如果我和别人撕破脸皮，他们可以一走了之，我走不了；他们可以破罐子破摔，我不能。所以，我就必须学会以这样的方式处理问题。

为人处世很好的人不一定有领导力；但有领导力的人，一定是为人处世很好的人。凡是为人处世有问题的人，他最后一定会出问题。比如说张狂的人，极端的人，不遵守社会公约的人，或者不承担社会责任的人。你可以看到这样的企业家在中国一批一批地倒下去。你说他们没有领导力吗？他们能够把一个企业做成。但他们又把自己做成的企业彻底毁掉。这就表明，他们的领导力是一种虚假的领导力，只不过是得到一个偶然的机会，抢到一个机会把事情做出来了。所以说，领导力也可以解释为使一个企业或组织平稳发展的能力。

人性的黑暗面每个人都有，冲突的根源就是名利。现在我做事总是把握这样一个原则：凡是我认为这件事情可以引发人性恶的一面时，就会全力以赴地把它消灭掉。比如，新东方在辞退员工的时候，一定要给员工足够的补偿，这个补偿通常会超过国家规定的标准。因为如果你亏待了员工，他人性恶的方面就会体现出来，最后一定会导致对大家都不好的结果。

实际上，新东方的发展过程中历经过种种利益斗争，而我把握的就是两条原则：第一，不管出现什么情况，我绝对不能表现出恶的一面。我也有人性恶的一面，但好在到今天为止，从来没有做过恶的事情。第二，不惜牺牲自己的一些利益，也要防范引发别人的人性恶的一面显露出来，这使得我周围的氛围相对还比较和谐。

我当然也有所谓的“斗争艺术”。这里有一个要点，那就是我如果知道某人的“恶”已经到了要把所有东西都毁掉的地步时，我会阻止。但这个阻止需要一点方法，包括怎么对待你身边的“小人”。你可以得罪一万个“大人”，但不可以得罪一个“小人”。因为当你得罪了心理非常阴暗的人后，会产生相当多的非常麻烦的事情。在这个过程中，如何与你认为是“小人”的人搞好关系？如何既把他清除掉，让他还很“感谢”你？这是很难做的事情。有些时候，也需要利用一些手段和计谋了。

我的经历使我悟到了太多的东西。我经历过新东方的内部斗争，有被人抢劫的经历，得过大病，还得过焦虑症、狂躁症。曾经连续五年吃安眠药，有时一天要吃四片才能睡着觉。但现在我已经明白了许多道理，我对生活看得很开，丢掉什么东西都无所谓。

无论是基督教还是佛教，最后都是善的体现。中国传统的儒教某种意义上也是善的体现。我对学生说：一个人肯定要做对自己有利的事情，但请记住一点，最低标准是做对自己有利，但对别人没有伤害的事情；而高标准就是做对自己有利，对别人也有利的事情。那么圣贤的标准是什么呢？那就是即使伤害到自己，也要做对别人有利的事情。随着时间的推移，那样做的好处愈发显现，因为圣贤们全都名垂青史。耶稣、释迦牟尼、甘地、曼德拉，他们都可以归入圣贤。这辈子我可能做不到最高境界，但至少要想办法做到第二个境界，就是做对自己有利，但对别人也必须有利的事情。

选拔和留住人才

新东方人才分成两个体系：第一是管理体系的，第二是教学体系的。

对于管理体系的人才，一般我会先筛选人，然后经过背景调查，看他在各方面是否适合新东方的要求。如果适合，我会把他安排在身边，观察他的行为方式。经过一段时间，如果这个人基本方面没有问题，就把他放在一个相对独立的岗位上，看他运作的步骤怎么样。一旦他比较成熟了，再把他放在比较重要的管理岗位。新东方的人才，有一大半是内部培养的，这样比较容易看到他是怎样成长起来的。对于管理体系中的专业人才，比如财务、审计、资本运作、市场推广人员，我们则一般从外部挖掘，当然首先要看他以往的工作业绩。

对于教学体系的人才——老师，他是怪才也好，天才也好，他的特点对我来说这恰恰是教学中最重要的。老师只要能够吸引学生，把教学搞好，理解并且弘扬新东方的文化，就可以了。至于说他脾气有多怪，平时骂骂我，这个都无所谓。

事实上，新东方也不一定能把所有的人才都留住，因为现在这个社会比较浮躁，流动性大也是正常的。但相对来说，新东方人才流失的比例比较低，人才队伍比较稳定。留住人才的前提是好的薪酬。没有薪酬来谈精神、谈发展是不符合人性的。所以，只是讲新东方的事业多么崇高没有用，因为如果你在外面可以拿到100万，在新东方只能拿50万，你是不会来的。其实，关于如何留住人才这个问题，只要看看《三国演义》就知道了，没有太多诀窍。

办真正意义上的私立大学

我的理想是为中国教育做两件事：第一是做可盈利性教育，培训教育产业化，这个我们已经做到了；第二是一定要建一所非盈利性的私立大学。

在中国办一所真正意义上的私立大学，主要是基于以下两个考虑：

第一，我认为对于中国未来的教育体系来说，如果民办教育体系（西方称作私立教育体系）不发展起来，在某些领域不能跟公办教育抗衡的话，中国的教育永远是一条腿走路，不太容易走好。

在民办教育体系中，我们只谈高等教育。高等教育体系的改革迫在眉睫，中国必须出一些能够与中国优秀的公立大学抗衡的私立大学。我希望再过50年，当人们提到北大、清华、复旦、浙江大学这些学校的时候，也能够提到一些私立大学的名字。未来有这样的私立大学出现，不但可以增强中国教育体系的竞争实力，还可以增加学生选择的多样性，推动中国教育与国际的接轨。

第二，目前中国的私立教育靠学生学费维持运行，这是一个很荒谬的现实。这就意味着，不管你怎样节约，学生都不可能受到良好的教育。因为你就那点儿钱，怎么请来好老师？所以基本上民办学校都是请一些一般的老师，怎么可能有竞争力？曾任清华大学校长的梅贻琦先生说过：“大学者,非大楼之谓也,乃大师之谓也。”可见师资对于大学来说是多么的重要！

我心目中的私立大学模式是，学校有足够的钱，学生不需要考虑能不能交得起钱，而只需要考虑自己到底优秀不优秀。我的招生原则就是两个：第一，学生优秀不优秀；第二，尽可能地招收成绩好、有培养前途的农村孩子。我觉得农村孩子有着城市孩子所不具备的特质：吃苦精神、坚忍精神以及对社会民众疾苦的了解。当然，农村孩子也有很多弱点，可能相对自卑，刚开始的时候眼光相对狭隘，但这些都是可以锻炼出来的。所以，这个学校很大程度上是为农村孩子办的。

我要用基金会的方式来运作这所学校，基金会通过资本运作赚的钱，支持学生的学费并聘请著名教授。这方面我有自己独特的优势：首先，我懂教育；其次，我不想从这个学校赚钱；再次，我本人具有的品牌效应，能够请到全中国乃至全世界优秀的教授。有了名牌老师，学生没有不来的道理。

新东方的私立大学已经开始征地了，当然这会是一个很艰难的过程，例如基建完成之后，本科文凭资质尚需教育部的批准。前方一定会有很多的困难，但我不急不躁，有耐心。今年我46岁，我觉得自己还有时间，还能做完这件事。